Ulrike Drössler

Sprechen Sie evangelisch?

Ulrike Drössler

Sprechen Sie evangelisch?

Fromm Verlag

Impressum / Imprint
Bibliografische Information der Deutschen Nationalbibliothek: Die Deutsche Nationalbibliothek verzeichnet diese Publikation in der Deutschen Nationalbibliografie; detaillierte bibliografische Daten sind im Internet über http://dnb.d-nb.de abrufbar.
Alle in diesem Buch genannten Marken und Produktnamen unterliegen warenzeichen-, marken- oder patentrechtlichem Schutz bzw. sind Warenzeichen oder eingetragene Warenzeichen der jeweiligen Inhaber. Die Wiedergabe von Marken, Produktnamen, Gebrauchsnamen, Handelsnamen, Warenbezeichnungen u.s.w. in diesem Werk berechtigt auch ohne besondere Kennzeichnung nicht zu der Annahme, dass solche Namen im Sinne der Warenzeichen- und Markenschutzgesetzgebung als frei zu betrachten wären und daher von jedermann benutzt werden dürften.

Bibliographic information published by the Deutsche Nationalbibliothek: The Deutsche Nationalbibliothek lists this publication in the Deutsche Nationalbibliografie; detailed bibliographic data are available in the Internet at http://dnb.d-nb.de.
Any brand names and product names mentioned in this book are subject to trademark, brand or patent protection and are trademarks or registered trademarks of their respective holders. The use of brand names, product names, common names, trade names, product descriptions etc. even without a particular marking in this work is in no way to be construed to mean that such names may be regarded as unrestricted in respect of trademark and brand protection legislation and could thus be used by anyone.

Coverbild / Cover image: www.ingimage.com

Verlag / Publisher:
Fromm Verlag
ist ein Imprint der / is a trademark of
OmniScriptum GmbH & Co. KG
Heinrich-Böcking-Str. 6-8, 66121 Saarbrücken, Deutschland / Germany
Email: info@frommverlag.de

Herstellung: siehe letzte Seite /
Printed at: see last page
ISBN: 978-3-8416-0327-2

Copyright © 2015 OmniScriptum GmbH & Co. KG
Alle Rechte vorbehalten. / All rights reserved. Saarbrücken 2015

INHALT

Vorwort 3
Einleitung 4
Von Bildern, Vorurteilen und Irrtümern 8
   A) Gottesbilder 8
   B) Sind die biblischen Geschichten wahr? 10
   C) Hat „Sünde" etwas mit Sexualität zu tun? 12
   D) Wie wichtig ist die Frömmigkeit des Einzelnen? 15
Ist Glaube Privatsache? 17
Was steht eigentlich in der Bibel? 22
Was war der Fehler der Pharisäer? 25
Wie christlich ist unsere Tradition? 27
   A) Die biblische Überlieferung und ihr Schicksal 28
   B) Die nachbiblische Tradition 34
   C) Das Kreuz als „Europäische" Tradition? 37
Von der Liebe 39
Die Heiligung des Profanen 42
Spiritualität 47
   Der Blick aus dem Festsaal 48

Die Bibelzitate stammen aus der Lutherbibel, revidierter Text 1984, durchgesehene Ausgabe, © 1999 Deutsche Bibelgesellschaft, Stuttgart

Vorwort

Dieses Buch ist vor dem Hintergrund der evangelischen Kirche in Österreich entstanden, was bedeutet, dass als Grundlage dessen, was als „christlich" verstanden werden soll, allein die Schriften der Bibel anerkannt werden, und dass dem Autor die evangelischen Begriffe, Erklärungen und Anschauungen vertrauter sind als die katholischen.

Dennoch möchte ich den Begriff „evangelisch" in der Titelfrage nicht auf die Kirche bezogen verstehen, sondern tatsächlich im wörtlichen Sinn auf das Evangelium, wie es in der Bibel erzählt wird. „Sprechen Sie evangelisch?" bedeutet dann: „Sind Sie mit Inhalt und Bedeutung der biblischen Botschaft so vertraut, dass sie Ihnen hilft, Ihre eigenen Gedanken zu formulieren und zu entwickeln?" Denn dazu ist sie uns gegeben: Dass unsere Persönlichkeit und unsere Spiritualität mit ihrer Hilfe wachsen und sich entfalten können, solange wir leben, und dasselbe, was für Einzelpersonen gelten kann, gilt auch für eine Kirche, und für eine ganze Kultur.

In diesem Sinne sind auch meine kirchenkritischen Anmerkungen nicht als Ablehnung zu verstehen, sondern als Bemühung, das Eigentliche des evangelischen Glaubens aus dem Ballast der Tradition herauszufiltern und wieder zur Diskussion zu stellen.

Ich danke besonders all denen, die mir durch Lesen und Kommentieren geholfen haben, in Familie und Gemeinde, und allen, die meine Arbeit unterstützen.

Einleitung

Evangelischer Glaube, so lernt man es in der Schule, beruht auf dem Evangelium von Jesus Christus, wie es uns in der Bibel erzählt wird. Demnach müsste man annehmen, dass eben dieses Evangelium weitgehend bekannt ist. Das kann man allerdings nicht so ohne weiteres behaupten. Denn es gibt heute leider auch in der evangelischen Kirche immer mehr Menschen, die sich nicht mehr sicher sind, was Evangelischsein wirklich bedeutet. Manche haben längst aufgehört, freiwillig in der Bibel zu lesen, andere lesen zwar, hüten sich aber vor neuen Erkenntnissen in der Angst, ihren Kinderglauben zu verlieren.

Vielen fallen vor allem die äußeren Unterschiede zur römisch-katholischen Schwesterkirche auf, wie zum Beispiel das Fehlen von Heiligen- und Marienverehrung oder das Fehlen des verpflichtenden Priesterzölibats. Dabei sind das Themen, die wir mit Luther leicht unter „Adiaphora" - Nebensächlichkeiten - zählen können. Sie gehen am Wesen des Evangeliums und damit auch am Eigentlichen des evangelischen Glaubens vorbei.

In den meisten grundlegenden Fragen sind die Unterschiede zwischen den Kirchen gar nicht so groß, die katholische Kirche hat sich Luther in vielem angenähert, die evangelische hat sich in ihrem Bestreben, neben der katholischen auch als vollwertige Institution „Kirche" angesehen zu werden, von vielen seiner Anliegen entfernt und das Feld den verschiedenen Freikirchen überlassen. Dazu kommt, dass Menschen ja aus den unterschiedlichsten Gründen in eine Kirche eintreten können, und obwohl dem Eintritt ein Gespräch vorausgeht, ist dieses kaum mit einem gründlichen Religionsunterricht zu vergleichen. So bringen Menschen ihre wo auch immer gewachsenen Überzeugungen und Erwartungen mit, die sie dann auch in ihrer Pfarrgemeinde verwirklicht sehen möchten.

Kirchen gelten weithin als Bewahrer alter Traditionen, als Verkünder eines veralteten Weltbildes, als Modernitätsverweigerer, als Spielverderber in der Spaßgesellschaft. Auch in ihrem eigenen Verständnis konzentrieren sich viele darauf, dass die

Botschaft ja schon zweitausend Jahre alt ist und immer noch dieselbe. Entsprechend darf sich in vielen Gemeinden auch an den erkennbaren Formen, ob baulich oder liturgisch, nichts ändern - denn was immer schon so war, kann ja wohl nicht plötzlich falsch sein.

Eine krasse Fehleinschätzung. Direkt peinlich sogar für eine Kirche, die aus einer Reformation hervorgegangen ist. Mitnichten fordert uns das Evangelium zu Beharren auf Gewesenem auf, und zum Bewahren auch nur im Sinne der Schöpfungserzählung in zweiten Buch Mose: Das Lebendige pflegen und am Leben erhalten soll Auftrag der Christen sein, nicht aber das Stehenbleiben auf überholten Denkmustern oder auf den Antworten des neunzehnten und zwanzigsten Jahrhunderts auf die Fragen der Jahrhunderte davor. Auch die Fragen und Antworten der Reformationszeit sind schon lange nicht mehr zeitgemäß, und interessieren daher auch die meisten Menschen nicht mehr. Bereits mehrere Generationen entfernen sich innerlich und schließlich auch offiziell von ihrer Kirche, weil sie sich nicht mehr angesprochen fühlen und auf ihre Fragen, vor die sie das moderne Leben stellt, keine Antworten bekommen.

Die simpelste Erklärung des evangelischen Glaubens war bis vor kurzem die, dass als Grundlage dafür **ALLEIN DIE HEILIGE SCHRIFT** gelten soll - einer der wichtigsten drei Grundsätze der Reformation. Nun kann man aber heute nicht mehr davon ausgehen, dass die Menschen die Heilige Schrift kennen. Auch die, die sich in den Pfarrgemeinden (evangelisch oder katholisch) aktiv beteiligen, würde ich bei weitem nicht alle zu fragen wagen, wie oft sie die Schrift zur Hand nehmen, geschweige denn, wie oft sie gemeinsam mit anderen darin lesen. Und wenn, lässt sich ein Unterschied zwischen den Konfessionen nicht mehr an der Bibelkenntnis erkennen, seit sie in der katholischen Kirche nicht mehr verboten ist. Evangelische und katholische Christen treffen sich oft gemeinsam in ökumenischen Bibelkreisen. Doch diese Kreise werden kleiner und weniger.

Kinder lernen biblische Geschichten heute fast nur noch im Religionsunterricht kennen, die meisten haben vor der ersten Religionsstunde in der Volksschule, wenn überhaupt, dann gerade den Namen „Jesus" schon einmal gehört, viele nicht einmal das. Und Erwachsene, die mit „Glauben" vor allem die Geborgenheit ihrer Kinderzeit meinen, haben oft Angst, das Wachsen und Reifen ihres Glaubens durch Vernunft zuzulassen, sich vom sicheren, aus der Kindheit bekannten Weg zu entfernen.

Der Weg des Glaubens führt aber auch durch die Wüste. Keine Angst, er führt ins gelobte Land. Wer in einem Zug sitzt, der plötzlich in einen Tunnel fährt, zieht auch nicht die Notbremse und springt ab, nur weil es gerade dunkel geworden ist. Er bleibt sitzen und wartet vertrauensvoll darauf, dass der Tunnel zu Ende ist und es draußen wieder hell wird. So kann auch der Weg des ehrlichen Glaubens und Fragens manchmal Durststrecken beinhalten, auf denen man einfach alles anzweifelt. Aber keine Angst, Dranbleiben und Durchhalten führen zum Erfolg: am anderen Ende ist wieder Licht. Und es wird stärker und stabiler sein als davor.

DER Unterschied zwischen evangelischer und katholischer Kirche heute besteht weniger in verschiedenen Glaubensaussagen über Gott oder Jesus, sondern vor allem in ihrer entgegengesetzten Auffassung vom Wesen und Auftrag der Kirche. Obwohl die evangelische hier der katholischen kräftig nachzieht, was durchaus daran liegen könnte, dass die Mehrheit der Evangelischen es nicht bemerkt, weil ihr der Inhalt der Bibel kein Anliegen mehr ist und die Anliegen der Reformation in Vergessenheit geraten. Besonders in Österreich wird von den Medien überwiegend ein katholisches Kirchenbild auch auf die evangelische Kirche übertragen, und viele Evangelische fühlen sich durchaus wohl damit. Umgekehrt propagieren Gruppen in der katholischen Kirche gelegentlich durchaus evangelische Ansätze, ohne sich dessen bewusst zu sein.

Die katholische Kirche sieht in den Bischöfen die Nachfolger der von Jesus berufenen Apostel, daher sind diese die Entscheidungs- und Verantwortungsträger. Im ersten Kapitel der Apostelgeschichte wird erzählt, wie ein Nachfolger für den durch Verrat und Selbstmord ausgeschiedenen Judas Iskariot bestimmt wird. Davon ausgehend, sieht die katholische Kirche in der Berufung zum Apostel quasi ein von Jesus gestiftetes Amt, das an Nachfolger weitergegeben werden kann. Und die Kette der Nachfolger (= „Bischöfe", Gemeindeleiter) führt sie bis auf die Apostel zurück.

Die evangelischen Kirchen sehen nicht besonders bestimmte Einzelpersonen, sondern Gemeinden als die Erben des Auftrags Jesu an. Jeder, der sich vom Evangelium ansprechen lasst und zur Gemeinschaft gehört, hat das Recht und die Möglichkeit, tragende und bestimmende Ämter anzunehmen. Besetzt werden sie alle durch Wahl. Damit baut sich eine evangelische Kirche von unten nach oben auf.

Dementsprechend kennen wir keine Hierarchie, keine Trennung in Laien und Klerus, alle Gläubigen gelten gleich viel. Eine höhere Weihe als die Taufe kennt die evangelische Kirche nicht. *„Dan was aus der tauff krochen ist, das mag sich rumen das es schon priester Bischoff und Bapst geweyhet sei,"* formuliert Martin Luther 1520 in seiner Schrift „An den christlichen Adel deutscher Nation von des christlichen Standes Besserung"[1]. Gelegentlich muss man das allerdings auch den evangelischen Superintendenten, Bischöfen oder Oberkirchenräten in Erinnerung rufen.

Zuweilen macht sich in der evangelischen Kirche durchaus eine Höherschätzung der universitär ausgebildeten Theologen bemerkbar, die allerdings so nicht im Sinne Luthers und auch nicht im Sinne des Evangeliums ist. So haben heute viele evangelische Gemeindeglieder ein durchaus katholisches Pfarrerverständnis, dem gewöhnlich weder die Pfarrer selbst, noch die größeren Leitungsinstanzen widersprechen.

Da sich der einzelne Christ gern auf das verlässt, was ihm Medien oder gewachsene Gewohnheiten seiner Gemeinde erzählen, statt selber in der Bibel nachzulesen, haben sich viele verzerrte Vorstellungen in der christlichen Religion breitmachen können, die biblisch kaum zu begründen sind.

---

[1] *Otto Clemen (Hg) Luthers Werke Bd1, de Gruyter-Verlag, Berlin 1959*

Von Bildern, Vorurteilen und Irrtümern:

A) *Gottesbilder*

Die Bibel untersagt in den Zehn Geboten (2. Mose 20, 4-5) das Anfertigen von Bildern - nicht nur von Gott selbst, sondern von allem im Himmel, auf der Erde oder im Wasser unter der Erde (das bezieht sich auf das alte Weltbild von der Erde als Scheibe, unter ihr war, wie über ihr, Wasser gedacht). Es ist unter den Religionen und Bekenntnisgemeinschaften, die sich auf die Zehn Gebote berufen (das sind: Judentum, Islam, und die verschiedenen christlichen Kirchen und Gemeinschaften) bis heute strittig, wie weit oder wie eng dieses Bilderverbot ausgelegt werden soll.

Judentum, Islam und die Reformierte Kirche, die aus der Schweizer Reformation Zwinglis und Calvins hervorgegangen ist, vermeiden bis heute alle bildlichen Darstellungen Gottes. Zum Schmuck ihrer Gebetsräume dienen allenfalls abstrakte Muster und Schriftzüge.

Die anderen christlichen Kirchen, allen voran die orthodoxen Kirchen, haben gegen Bilder nichts einzuwenden, im Gegenteil, sie sehen sie als durchaus nützlich für die Vermittlung und Veranschaulichung der Botschaft an.

Dazu kommt, dass in der Reformationszeit wegen eben dieses Bilderverbots übereifrige Bilderstürmer viele Kunstwerke mit Absicht zerstörten, was sicher auch dazu beigetragen hat, dass die Reformatoren um Luther diesbezüglich einen weniger radikalen Weg einschlugen.

Wie aber ist dieses Bilderverbot wirklich zu verstehen?

Sicher gemeint ist das Verbot der Anfertigung und Verehrung von Götzenbildern, wie sie in den Kulturen der umliegenden Völker üblich waren. Das aber wäre gegenwärtig überhaupt kein Thema mehr. Wie streng dagegen das Gebot zu nehmen ist, wenn es um Illustrationen oder Andachtsbilder geht, dazu gehen die Meinungen auseinander. Im Gegensatz zu den Religionen der umliegenden Völker kennt Israel schon in alttestamentlicher Zeit keine gemalten oder geformten Darstellungen des Göttlichen. Sein Gott besteht auf seiner Unsichtbarkeit. Das sichtbare Heilige war die Bundeslade mit den Steintafeln, auf denen die Zehn Gebote standen.

Jegliche Verwendung von Bildern zu untersagen kann aber nicht zweckmäßig sein, denn außer bildlichen Darstellungen in zwei oder drei Dimensionen gibt es ja auch verbale Bilder, und ohne sie ist es unmöglich, von Gott zu reden.

Auch die Bibel selber kann das nicht. Sie beschreibt Gott in unzähligen Bildern: als Vater, als Hirten, als brütenden Geist, als Mutter, als König, als Burg und Fels, als Schutz und Schirm, als König, als Richter, als Befreier, als Gesetzgeber. Allerdings ist keines der Bilder in Erz gegossen, man darf keines absolut setzen und anbeten, sondern muss versuchen, das zu erfassen, was mit dem Bild gemeint ist. Und die Bilder wechseln. Damit kann Gott nicht festgelegt werden auf eine bestimmte Rolle oder eine bestimmte Eigenschaft. Er ist „der Lebendige", der immer wieder neu begegnet. Bei der Berufung des Mose in Exodus (das ist das zweite Buch Mose) 3,14 stellt sich Gott vor: *„ich werde sein, der ich sein werde"* (Lutherübersetzung), auch als *„ich bin da"* übersetzbar (Einheitsübersetzung) oder als *„ich bin, der ich bin"* (Elberfelder Bibel). Gott ist nicht auf ein Bild festlegbar, und damit bleibt er auch frei und unverfügbar.

Die Bilder sollen erklären und verdeutlichen, sollen das nicht Fassbare begreifbar machen, sind somit Hilfsmittel zum Zweck des Verstehens, wenn sie den Zweck nicht erfüllen, haben sie ausgedient.

Beispiel: Gott, der Vater. Wer mit dem Bild des eigenen Vaters negative Erinnerungen verbindet (z.B. wegen Missbrauchs oder Misshandlung in der Kindheit), wird nicht viel damit anfangen können. Hier auf der Vorstellung zu bestehen, „weil es so in der Bibel steht" ist nicht im Sinne des Erfinders: Gott als Vater ist ein Bild für Geborgenheit, Angenommensein, Fürsorge, aber auch für Führung und Vertrauenkönnen. Menschen, die diese Dinge nicht mit „Vater" verbinden können, sollten also lieber dabei unterstützt werden, einen für sie passenderen Begriff zu finden und können zum Beispiel ohne weiteres auch „Mutter unser" beten.

Anderes Beispiel: Jesus, der Sohn Gottes. Man könnte ihn genauso gut den Sohn der Wahrheit oder den Sohn der Liebe nennen. Menschlich-biologische Vorstellungen werden dem Wesentlichen der Aussage nicht gerecht. Der springende Punkt an diesem Titel besteht darin, dass wir die Aussagen Jesu durchaus als die Stimme Gottes verstehen dürfen, dass er also mit der Autorität der Wahrheit spricht (Matthäus 17,5); dass zwischen ihm und dem Vater große Nähe und unbedingte Einheit besteht (Johannes 14,9).

Sich diesen Vater allerdings als ein in irgend einer Weise menschenähnliches Wesen vorzustellen, ist menschlich, aber falsch. Das Reden von Gott als einer Person (in drei Personen) ist schlichtweg irreführend. Auch das ist ein Bild, das vor allem eine Eigenschaft illustriert: Mit einer Person kann man kommunizieren, mit einer unpersönlichen Kraft nicht. Gott ist die Liebe, sagt der Autor der Johannesbriefe, Liebe ist eine Kraft, ein Prinzip. Dass Gott sich als Befreier präsentiert, der zur Bewahrung der Freiheit Gesetze gibt, weist ihn durchaus auch als Kraft, Prinzip, aus: Wer sich an seine Regeln hält, wird dieser Freiheit teilhaftig.

Faktum ist, dass alle unsere Erkenntnisse und Bilder immer nur Teile erfassen können. Wer oder was auch immer dieses ganze Universum hervorgebracht hat, entzieht sich unserer Vorstellungskraft. Wir wissen nur: da ist etwas am Anfang unseres Universums, da ist etwas auch in jedem menschlichen Leben, in der ganzen Geschichte, das hat eine Eigendynamik und Wirksamkeit wie eine Kraft, das hat spürbare Regeln und eine bestimmte Richtung, wie ein Prinzip, und das kann sich mitteilen und auch auf unsere Gedanken reagieren, wie eine Person. Das ist verwirrend? Dann haben Sie es begriffen.

B) Sind die biblischen Geschichten wahr?

Die Frage ist falsch, weil schlicht viel zu ungenau. Was meinen wir mit „wahr"? Und von welchen biblischen Texten reden wir? Entgegen weit verbreiteter Ansichten ist historische Wahrheit („genau so und nicht anders hat sich das abgespielt") nicht die einzige. Geschichten können psychologische, soziologische, philosophische oder ethische Wahrheiten und tiefe Einsichten und Lebensweisheiten enthalten, auch wenn sie erfunden sind.

Besonders beim Lesen des Alten Testaments begeben wir uns in eine Kultur, in der Geschichtenerzählen *das* Medium war, in dem Erkenntnisse aller Art formuliert und weitergegeben worden sind. Wir finden hier keine wissenschaftlichen Abhandlungen, keine objektiven Zeitungsberichte (sofern es so etwas überhaupt gibt), keine vor Gericht haltbaren Zeugenaussagen, sondern die unterschiedlichsten Arten von Texten: Lieder, Fabeln, Gebete, Predigten, Listen, Erzählungen, Gesetzestexte und unter anderem auch fantasievolle Geschichten, die doch Wesentliches über die Welt und den Menschen beinhalten.

Beispiel: Adam und Eva sind keine historischen Individuen, wie viele meinen (und deshalb gleich die ganze Bibel ablehnen), sondern *der* Mensch schlechthin, und der Mensch mit der besonderen Gabe, das Leben weitergeben zu können. „adam" ist „der Mensch" („Erdling", von „adama" = „die Erde"), „eva" (klingt im hebräischen Original allerdings ein bisschen anders) „die das Leben weitergibt", also die (potentielle) Mutter, die Frau. Adam und Eva haben nicht gelebt, sie leben heute in jedem Menschen. Und was über Adam und Eva gesagt wird, sind *nicht* historisch gemeinte Ereignisse, sondern Erkenntnisse über die Natur und das Wesen des Menschen allgemein.

So wird der Mensch (noch ohne andersgeschlechtliches Gegenüber, also sind *alle* Menschen gemeint) gleich nach seiner Erschaffung in den Garten gesetzt, den er bebauen und bewahren soll: Das bedeutet, der Mensch arbeitet nicht nur des materiellen Bedarfs wegen, sondern er braucht zu einem erfüllten, glücklichen Leben eine sinnvolle Aufgabe, eine Tätigkeit, mit der er sich identifizieren kann, er muss in irgend einer Form tätig werden, sonst ist ein wesentliches Grundbedürfnis nicht gestillt, und er leidet einen spürbaren Mangel. Seine Tätigkeit prägt auch das Selbstverständnis des Menschen, gibt ihm Selbstwertgefühl und Sinn. Und das ist wahr.

Oder, anderes Beispiel: Gott sieht dieses neugeschaffene Wesen an und erkennt, dass es diesem Wesen nicht guttut, allein zu bleiben (1. Mose 2,18). Auch diese Erkenntnis ist wahr: die Menschen sind soziale Wesen, die ein Gegenüber brauchen. Nicht jeder mag Menschenmassen, aber wenigstens einen Partner und/oder ein paar Freunde braucht jeder zu seinem Glück.

Auch wenn historische Ereignisse geschildert werden, wie die Einwanderung der Stämme in Israels im Josuabuch oder die Geschichte der Königreiche Israel und Juda, ist die Absicht der Autoren NICHT, wissenschaftlich-unvoreingenommen Fakten aufzulisten („sine ira et studio" - „ohne Zorn und Eifer" = objektiv, nicht wertend), wie das der moderne Wissenschaftsbegriff versteht, sondern sie bereichern die Schilderung der Ereignisse gewöhnlich auch schon durch die Deutung der Vorkommnisse und Zusammenhänge. Dabei wird Gott als Herr der Geschichte verstanden, der Katastrophen wie die Eroberung und Zerstörung Jerusalems als Bestrafung für das Volk für seine Untreue, wenn nicht selber veranlasst, so doch zumindest zulässt.

Im Umgang mit biblischen Texten bewährt es sich, das Wort des Apostels Paulus aus seinem 2. Brief nach Korinth zu beherzigen (2. Korinther 3,6) und weniger auf den buchstabengetreuen Wortlaut zu achten als auf den „Geist", den die Botschaft atmet.

C) Hat „Sünde" etwas mit Sexualität zu tun?

Nein. Nicht mehr als mit jedem anderen Aspekt des Menschseins.

Von Sexualität ist in der ganzen Geschichte vom Sündenfall überhaupt nicht die Rede. Auch diese Geschichte beschreibt ja nicht ein historisches Ereignis, sondern eine besondere Eigenschaft des Menschseins, etwas, das den Menschen ganz grundlegend von allen anderen Geschöpfen unterscheidet.

Auch Apfel kommt in der Geschichte keiner vor. Es ist die Rede von zwei Bäumen, deren Früchte nicht gegessen werden sollen, der eine ist der Baum des Lebens, der andere der Baum der Erkenntnis des Guten und Bösen. Den „Apfel" verdanken wir nicht dem Bibeltext, sondern den Malern, die die „Frucht" fast immer als Apfel dargestellt haben.

Die Versuchung - in der Geschichte in der Schlange personifiziert - besteht darin, dass die Menschen ihrer Neugier ohne Rücksicht auf die Konsequenzen nachgeben: der Baum lockt mit seiner Verheißung, Klugheit zu verleihen, Unabhängigkeit von Gott, weil sie selber wie Gott sein werden und selber wissen werden, was gut und was böse ist, verspricht die Schlange (1. Mose 3,5).

Sein wollen wie Gott und damit auch allein, ohne ihn leben können, das ist es, was den Menschen aus dem Paradies vertrieben hat. Er will nicht so leben, wie es der Natur und den Instinkten entspricht, sondern eigene Maßstäbe entwickeln und anwenden, wissen und verstehen, frei und mündig sein. Nicht vertrauensvoll in den Tag hineinleben, sondern selber planen und entscheiden. Dieses Streben nach Selbständigkeit hat für den Menschen die Konsequenz, dass sein Leben dadurch komplizierter, mühsamer und verantwortungsvoller geworden ist.

Sein wollen wie Gott, das spiegelt sich auch wider in den Auswüchsen der menschlichen Kreativität, die ihn ja als „Ebenbild Gottes" auszeichnet. Menschen sind kreativ. Menschen erschaffen unglaubliche Dinge, aber in ihrem Größenwahn, Gott gleich sein zu wollen, haben sie sich immer wieder übernommen und Katastrophen heraufbeschworen.

Gott gleich sein Wollen, das liegt auch dem zugrunde, was ich gern den „Frankenstein-Traum" des Menschen nenne: Sein Streben danach, Herr über das Leben zu sein, künstlich Leben erschaffen zu wollen, und wenn schon nicht das, dann das bestehende Leben verbessern (Gentechnik, Klonen, ...). Doch Leben schaffen, tote Materie zum Leben erwecken, das kann der Mensch nicht. Er kann lebende Zellen manipulieren, aber nicht abgestorbene zum Leben erwecken. Er kann Leben nur pflegen und bewahren - oder zerstören.

Es ist der ursächliche Zusammenhang zwischen Freiheit und Verantwortung, der in der Sündenfallgeschichte thematisiert wird. Dadurch, dass der Mensch eben nicht triebbestimmt ist, sondern, auch wenn er Triebe spürt, immer noch die Freiheit hat, zu entscheiden ob er ihnen gehorcht oder nicht, ist er für sein Tun verantwortlich und kann schuldig werden. Das ist etwas zutiefst Menschliches. Gut und Böse, Schuld und Unschuld, Freiheit und Verantwortung, das sind die Dimensionen der menschlichen Existenz.

Als Folgen des Sündenfalls werden beschrieben:

1. Die Menschen bemerken, dass sie nackt sind, sie flechten sich Lendenschurze und verstecken sich vor Gott.

   Im direkten Sinn heißt das wohl, dass in keiner menschlichen Kultur so unbefangen und im wörtlichen Sinne scham-los mit Sexualität umgegangen wird wie im Tierreich. Die Regeln mögen verschieden sein, aber sie sind in jeder Kultur verbindlich, und Übertretungen gelten als Verbrechen.

2. Im indirekten Sinn ist mit dem „Sich nackt Fühlen" durchaus auch gemeint, dass Menschen sich leicht „bloßgestellt" fühlen können, dass sie ihr Intimstes auch im übertragenen Sinn vor den meisten anderen verbergen möchten, Schwächen, Gefühle, Geheimnisse teilt man nicht mit jedem.

   Styling und Imagepflege in jeglicher Weise sind hier genauso beobachtet und angesprochen wie Selbstbeherrschung und „stiff upper lip"

3. Die Menschen wissen, was gut und böse ist, sie können auch ihr Verhalten steuern. Sie können entscheiden, einem Triebimpuls NICHT zu gehorchen, weil sie das entsprechende Tun für unethisch halten. Diese Fähigkeit macht sie aber auch verantwortlich für ihr Tun. Der Mensch lebt in der Spannung von Gut und Böse und muss ein Gewissen entwickeln. Auch wenn man vielleicht nicht immer frei entscheiden kann, und oft nur das kleinere Übel wählen: Der Mensch hat ein Gewissen, das ihm ganz genau sagt, wann er sich falsch verhält, wenn er das auch oft nicht zugibt und lieber durch noch mehr Fehlverhalten kompensiert.

Darüber hinaus lässt sich einiges über das Wesen der Sünde ablesen aus dem Verhalten der beiden Menschen nach dem Genuss der verbotenen Frucht. Sie sind keine Einheit, jeder kämpft für sich, Adam schiebt die Verantwortung auf die Frau (und auch auf Gott selbst) und präsentiert sich als unschuldiges Opfer, das von der Frau, die ihm ja noch dazu von Gott selber zur Seite gestellt worden war, angestiftet wurde (1. Mose 3,12), auch wenn zuvor, beim Fehltritt selber, nicht der leiseste Protest von ihm vermerkt ist. (Ein Verhalten, das sich in der Geschichte zum Leidwesen der Frauen auf dem Erdball ungezählte Male bemerkbar gemacht hat und vielerorts immer noch bemerkbar macht). Die Frau selber lässt es wiederum auch nicht auf sich sitzen und putzt sich am Verführer ab: Die Schlange habe sie betrogen.

Sünde ist Trennung, Vereinzelung, Misstrauen, Ich-Zentriertheit, Beziehungslosigkeit. Sünde ist jede Art von „Hauptsache ich".

Sünde ist nach den Aussagen der Bibel eine Einstellung (gleich einer Krankheit), die den Menschen nur auf sich selber verkrümmt, sodass er andere gar nicht oder zumindest nicht als gleichwertige Gegenüber wahrnimmt. Ein solcher Mensch kennt nur eine Frage: was habe *ich* davon? Andere werden ihm zu Objekten, die er für seine Zwecke benutzt und nach ihrem Nutzen für seine Person bewertet. Unzufriedenheit, Ehrgeiz, Gier, Ichbezogenheit führen zu Vereinzelung und Einsamkeit und machen das Leben unnötig schwer und kompliziert: so könnte man die Moral der Sündenfallgeschichte zusammenfassen. Und diese Erkenntnis ist wahr.

Das gilt allerdings für die Sexualität nicht mehr und nicht weniger als für alle anderen Tätigkeiten und jegliches Beziehungsleben beruflich, wirtschaftlich oder privat.

D) *Wie wichtig ist die persönliche Frömmigkeit des Einzelnen?*

Um gleich von vornherein keinen Irrtum aufkommen zu lassen: sie ist natürlich von elementarer Bedeutung. Für den Einzelnen. Immerhin ist sie seine Motivation. Der christliche Glaube ist aber eine Gemeinschaftsreligion. Der Einzelne kann sich in Einkehr und Meditation versenken, wenn ihm das guttut - und den meisten tut es

von Zeit zu Zeit gut. Aber auf jede Einkehr muss auch wieder eine „Auskehr" folgen. Jedem Wanderer sei seine Rastpause gegönnt, seine Erfrischung, seine Stärkung. Aber wer im Wirtshaus sitzenbleibt, wird nicht ans Ziel gelangen.
Und die Wanderung ist eine, die in Gemeinschaft passiert. Aus zwei Gründen:

1. Zum gegenseitigen Schutz und zur gegenseitigen Hilfe. In einer Gruppe wandert sich's einfacher und sicherer, einer kann dem anderen helfen, wenn ein steileres Stück kommt, und wenn einer sich so verletzt, dass er nicht mehr weitergehen kann, kann er sogar von den anderen getragen werden (wenn er denn nicht gar zu schwer ist).

2. Als Unterstützung bei Orientierung und Entscheidung. Gerade den Weg des Glaubens kann man nicht allein gehen, man braucht zur Orientierung andere, die sich auch ihre Gedanken machen, die einem helfen, Dinge in der richtigen Perspektive zu sehen, die fragen und die antworten. „**Ein** Christ ist **kein** Christ", ist schon fast ein Sprichwort, und ich möchte ergänzen: „Zumindest nicht lange." Einem allein kann leicht die Luft ausgehen, gegenseitig kann man sich immer wieder stärken und motivieren. Einer allein kann leicht auf Irrwege geraten (oder verführt werden), gemeinsam ist es leichter, das Ziel im Auge zu behalten.

Besonders schön sieht man es an dem Gebet, das wirklich alle Christen gemeinsam beten können, weil es von Jesus selber stammt und in der Bergpredigt (ab Matthäus 6,9) zu finden ist: am Vaterunser:

Im Vaterunser steht kein einziges „ich", kein „mir", kein „mein". Nicht einmal „mein Vater", nein, unserer. Unser Vater, unser tägliches Brot, unsere Schuld. Christsein geht nur gemeinsam. Und das führt uns zu einer anderen Frage:

Ist Glaube Privatsache?

Zur Klärung vorneweg: Was meinen diejenigen, die fordern, Glaube solle Privatsache sein? Dass zwar jeder glauben dürfe, was er will, nur merken solle man möglichst nichts davon? Das ist dann möglich, wenn der Glaube ein vom restlichen Leben und der restlichen Person streng getrennter Bereich ist. Das kann vielleicht funktionieren, wenn sich der Glaube auf bestimmte Kultvorschriften beschränkt. Aber ein Glaube, der das ganze Leben, die ganze Person umfasst?

Das Eigenschaftswort privat ist ursprünglich eine lateinische Verbform: *privatus (m.), privata (f.) privatum (n.)* kommt von *privare* und bedeutet übersetzt: *geraubt*. **Privat**eigentum ist also das, was ich anderen bzw. der Allgemeinheit geraubt habe oder vorenthalte. Wie weit kann ich aber etwas, von dem ich zutiefst überzeugt bin, etwas, das mein ganzes Leben prägt und trägt, allen anderen vorenthalten?

Die Ansicht, Glaube wäre Privatsache, ist eine historisch gewachsene Verirrung, entstanden in den verschiedenen Verfolgungszeiten durch erzwungene und/oder vorgetäuschte Anpassung. So geschah es eben, dass man als Christ halt ein paar vorgeschriebene Handlungen setzte bzw. an Veranstaltungen teilnahm, das persönliche Leben blieb dabei aber unberührt, im Geheimen konnte man an verbotenen andersgläubigen Versammlungen teilnehmen, oder mit Gleichgesinnten andere Geisteshaltungen bevorzugen, die man halt nicht „Religion" nannte. Nur dadurch, dass der Glaube vom Leben getrennt worden ist, konnte es auch passieren, dass Menschen zwar regelmäßig zur Kirche gehen, sich aber wochentags an allen möglichen Gräueln beteiligen können - so war es in der NS-Zeit, und so ist es heute in der Weltwirtschaft.

Die ersten christlichen Gemeinden hätten das anders gesehen. Unter den anderen antiken Vereinen nahmen sie in zweifacher Hinsicht eine Sonderstellung ein: Zum einen traf man sich jede Woche, nicht nur einmal im Monat, und zum anderen wurde von den Mitgliedern zwischen den Treffen ein entsprechender Lebenswandel erwartet.

Und auch die Reformatoren hatten eine Teilung des Lebens in einen sakralen und einen profanen Bereich niemals gutgeheißen. Glaube, den man in der Kirche einsperrt und dort höchstens einmal in der Woche besucht, ist eine völlig unsinnige Sache.

Nicht zuletzt hat genau diese schizophrene Haltung vieler nur äußerlicher Christen dazu beigetragen, dass die christliche Botschaft insgesamt ihre Glaubwürdigkeit verloren hat. Auf diesen Punkt werde ich noch genauer eingehen.

Im Grunde bedeutet Religion das Bewusstsein und Anerkennen, dass es etwas Wichtigeres und Größeres gibt als meine eigenen Befindlichkeiten. Re-ligio ist „Rückbindung", man weiß sich mit etwas verbunden, das einen bestimmt. Der religiöse Mensch erkennt sich als Teil eines Ganzen, einer Gemeinschaft, er geht davon aus, dass es einen Plan gibt, an dem er mitwirken kann. Der Plan bestimmt das Richtig und Falsch, meine Aufgabe ist es, meinen Platz in diesem Plan zu finden und auszufüllen, meine Stärken und Talente zu entwickeln und meinen Beitrag zum Ganzen zu leisten.

Ich bin grundsätzlich auch frei, mich zu verweigern, aber das wird mich nicht glücklich machen, weil diese Aufgabe Teil meiner Identität ist. In diesem weiteren Sinne ist also jeder „*religiös*" der nicht ausschließlich um seine eigenen Bedürfnisse kreist. In diesem Sinne kann also auch Atheismus als Religion bezeichnet werden, sobald eine andere Idee oder ein Wertesystem an die Stelle des Größeren gesetzt wird. Nur wer sich selbst als das absolute Zentrum der Welt ansieht, ist in dieser Definition wahrlich irreligiös.

Die westliche Kultur des beginnenden 21. Jahrhunderts sieht sich in der paradoxen Situation, dass ihre wahre Religion schon lange nicht mehr das Christentum ist (wenn sie es denn jemals war), sondern dass sie einerseits einem weithin ungebrochenen Glauben an neoliberale Wirtschaftsideale huldigt, damit aber eine christlich-humanistische Ethik zu verbinden versucht, was von vornherein zum Scheitern verurteilt ist. Überzeugungen wollen gelebt werden, und so sieht sich der verantwortungsbewusste Mensch gezwungen, sich selbst ständig seinem Glauben nach zum

Verlierer machen zu müssen, um seinen ethischen Ansprüchen zu genügen. So wird ethisch richtiges Verhalten zu einem ständigen Opfer, was dazu führt, dass man neidisch oder verächtlich auf die weniger Gewissenhaften schaut. Wer sich ethisch richtig verhält, ist schnell nicht nur in den Augen der anderen, sondern auch im eigenen Verständnis der „Dumme", Gewissenskonflikte sind seine ständigen Begleiter, und am Ende flüchtet er entweder in Heuchelei oder in psychische Krankheiten.

Jeder Glaube aber - ob im religiösen Sinn verstanden, oder im ideologisch-weltanschaulichen - fordert einen ganzen Menschen. Nicht von ungefähr lautet das höchste, alles andere zusammenfassende Gebot des christlichen Glaubens, man solle Gott von ganzem Herzen lieben (5.Mose 6,5 und 3.Mose 19,18; vom Schriftgelehrten für Jesus zusammengefasst in Lukas 10,27). Denn alles, was man halbherzig tut, führt früher oder später zu Kompromissen, Abwertungen, Konflikten. Und in der Bergpredigt bring Jesus es auf den Punkt: Wer sich für Gott entscheidet, kann nicht zugleich einem anderen Herren dienen, der Dienst am Geld (Mammon) führt zwangsläufig dazu, dass man sich von Gott entfernt. (Matthaus 6,24). „Ihr könnt nicht" ist kein Verbot - er zeigt hier eine grundsätzliche Unvereinbarkeit auf: es ist nicht möglich, hier besteht ein elementarer Widerspruch. Das Abendland wird sich, um zu gesunden, entweder von seinem christlichen Erbe in der Ethik verabschieden müssen oder vom neoliberalen Finanzkapitalismus.

Seit zweitausend Jahren versuchen die Menschen, die zwar gerne Christen wären, die aber dennoch nach materiellem Reichtum streben, Jesus zu beweisen, dass er sich geirrt hätte - hier arbeiten auch die Kirchen weitgehend gegen ihren Gründer - bis jetzt allerdings ohne Erfolg. Er hat Recht behalten, es geht nicht.

Sobald ich aber meinen Glauben nicht als etwas außen Aufgesetztes verstehe, sondern als meinen prinzipiellen Orientierungsrahmen in der Welt, als Kompass und Landkarte, mit denen ich mich zurechtfinde, kann dieser Glaube schon seinem Wesen nach keine Privatsache sein, denn er bestimmt mich, mein Selbstverständnis, meinen Umgang mit Mensch und Tier und Welt. Was ist von einem Menschen zu halten, der privat einen anderen Glauben vertritt als beruflich, geschäftlich, oder in der Öffentlichkeit? Genau: So wird klassisch der Heuchler definiert.

Fazit: Glaube ist zwar persönlich, aber nie privat.

Dazu kommt natürlich die Wahrheitsfrage. Eine heute weit verbreitete falsch verstandene Toleranz will jedem das Recht zugestehen, zu glauben, was er möchte, was im ersten Hinhören ja nach wahrer Freiheit klingt. Gleichzeitig wird damit aber jeder Glaube diffamiert und ins Reich der Illusionen verwiesen, schlimmer noch: ins Reich der Lügen.
Kann es aber irgendeinen denkenden Menschen befriedigen, einfach irgendetwas zu glauben, weil's halt Spaß macht, ohne den Wahrheitsgehalt seiner Überzeugungen immer wieder zu prüfen und zu verbessern?

Wer den Glauben nicht mehr der Wahrheitsfrage aussetzt, übersieht leider, dass sich in der Folge alles in Beliebigkeit auflöst.

In diesem Sinne tolerant sein kann nur, wer seine eigenen Überzeugungen aus dem zu tolerierenden Bereich heraushält. So wird wohl die Privatheit aller Religionen gefordert von denen, die sich selber keiner Religion zuordnen, die Richtigkeit ihrer eigenen Anschauungen allerdings stellen sie nicht zur Diskussion, denn die bezeichnen sie ja nicht als religiös.

So können Menschen paradoxerweise die Behauptung, eine unbedingte Wahrheit gäbe es nicht, für unbedingt wahr halten, ohne den Widerspruch selber zu bemerken.

Natürlich soll keiner seines Glaubens wegen verfolgt oder benachteiligt werden, das steht außer Frage, aber wenn alles relativiert wird, welchen Wahrheitsanspruch kann der Glaube dann noch stellen? Glaube verlangt aber nach Wahrheit. Relativieren kann man nur Dinge, die einem nicht wichtig sind. Wer auf der Suche nach der Wahrheit ist, wird sich nicht mit bloßen Ansichten abspeisen lassen. Wenn ein Staat beispielsweise die Menschenrechte nie anerkannt hat, wird ihm dennoch ihre Verletzung weltweit vorgeworfen. Wer wäre damit zufrieden, gesagt zu bekommen: „Ihr glaubt eben an die Menschenrechte, wir nicht. Daher gehen uns eure Vorstellungen nichts an"? Würden wir es dabei belassen und der Regierung dieses Staates ihre Interpretation von Recht und Gerechtigkeit freistellen?

Wenn die Verantwortlichen der transnationalen Konzerne im Namen ihres Gottes „Profitmaximierung" Ozeane leerfischen, Ölteppiche auf den Meeren hinterlassen und Regenwälder roden, können wir ihnen die Freiheit lassen, weil es eben ihr Glaube ist, dass das wirtschaftlich vernünftig ist?

Wenn Menschen Folter, Tierversuche, Kinderarbeit, Sklaverei, Umweltzerstörung und dergleichen für falsch halten, dann werden sie sich ungern sagen lassen: „Das ist halt eure Meinung, ich seh das anders!" Dann sind sie sehr wohl überzeugt davon, dass ihre Meinung die Wahrheit ist (Ich gebe ihnen dabei durchaus Recht). Ich sehe allerdings die Gebote Gottes und die Anweisungen Jesu durchaus auf genau derselben Linie (vom Sabbatgebot angefangen bis zur Bergpredigt, in der Jesus dazu aufruft, das gegenseitige Verurteilen bleiben zu lassen (Matthäus 7,1) und sich aller Heuchelei zu enthalten (Matthäus 6,1-18).

Die fatale Konsequenz aus der Ansicht, Glaube wäre Privatsache, ist, dass damit auch die Ethik sich aufs Privatleben konzentriert, und da bevorzugt auf die Sexualität. Biblisch begründen lässt sich das nicht. Der biblische Glaube hat Könige und Priestereliten verpflichtet, sich auch im politischen Bereich an Gottes Gesetz zu halten und für soziale und wirtschaftliche Gerechtigkeit zu sorgen, unter der Vorgabe, dass alle, auch die Armen, auch die Arbeitsunfähigen, auch die Fremdlinge, ein Recht darauf haben, das Lebensnotwendige zu erhalten.

Den Glauben zur Privatsache zu erklären, entkräftet seine Gerechtigkeitsvorstellungen und dient damit dem Egoismus und den rücksichtslosen Plänen der Mächtigen im Welttheater. Auch der Schutz der Schwachen wird dabei von der heiligen Pflicht zum Privatvergnügen degradiert.

Klarzustellen ist, dass niemand „Wahrheit" für sich gepachtet hat, dass jeder nur einen Teil davon kennt, aber gerade das macht Gespräche und Diskussionen über unbedingt wichtige Lebensbereiche wie Welt- und Menschenbild, sinnvolle Lebensziele, Freiheit und Verantwortung, Ethik, Schuld und Unschuld oder die Definition von Glück notwendig.

Auch die Bibel ist kein Gesetzbuch, dessen Bestimmungen unbedingt und 1:1 umgesetzt werden müssen, sondern eine Sammlung von Schriften, die auf vielfältigste Weise von der Liebe erzählen, die DIE Kraft hinter der ganzen Welt ist. Von der Liebe, die Leben entstehen lässt und versorgt, und von den bösen Kräften des Egoismus und der Hab- und Herrschsucht, die das Leben zerstören. Und all die Schriften lassen keinen Zweifel daran, welche Seite die richtige ist.

Was steht eigentlich in der Bibel?

Das Alte Testament erzählt die Geschichte des Volkes Israel von der Schöpfung an. Die Schriften stammen aus dem Jahrtausend vor Christus, die ältesten Teile sind also schon bis zu 3000 Jahre alt. Sie sind nach Art und Alter höchst unterschiedlich und stammen von vielen verschiedenen Autoren, über die wir wenig bis gar nichts wissen. Vieles davon ist lange Zeit mündlich überliefert worden, bevor es aufgeschrieben wurde. Das meiste ist in hebräischer Sprache geschrieben, ein kleiner Teil in der aramäischen Volkssprache.

Das Neue Testament erzählt von Jesus von Nazareth und von der Entstehung und Ausbreitung der ersten Gemeinden. Die vier Evangelien enthalten die Lebensgeschichte Jesu, seine Predigten und Gleichnisse, sowie die Geschichte seines Prozesses, seiner Hinrichtung, und seiner Auferstehung. Darüber hinaus sind die meisten Schriften des neuen Testamentes Briefe. Briefe des großen Heidenapostels Paulus an verschiedene christliche Gemeinden und an Einzelpersonen, und Briefe anderer Apostel und Missionare, über deren Person und Leben wir sonst nichts wissen. Die Schriften des Neuen Testaments sind alle auf Griechisch verfasst, das in der hellenistischen Antike DIE Verkehrssprache war (ähnlich dem Englischen in der Gegenwart).

Das Alte Testament ist allein deshalb schon wichtig, weil ohne seine Kenntnis auch Jesus nicht verstanden werden kann. Jesus von Nazareth war Jude und hat als Jude seiner Zeit gelebt, hat an Synagogengottesdiensten teilgenommen, war im Tempel in Jerusalem, hat die jüdischen Feste gefeiert. Und er hat zu den jüdischen Zeitgenossen gesprochen und gepredigt. Es ist daher für uns Europäer (oder andere) des 21. nachchristlichen Jahrhunderts unabdingbar, dass wir uns vergegenwärtigen, wie ihn seine Zeitgenossen verstanden haben, was der Boden bzw. der Hintergrund war, den sie sich geteilt haben.

Um also das Neue Testament richtig zu verstehen, ist es nicht nur nötig, genau auf das zu hören, was Jesus sagt, sondern auch, was er bei seinen Hörern als bekannt voraussetzt. Vor allem „Mose und die Propheten", bzw. „das Gesetz und die Propheten" wird er häufig zitieren.

Was eigentlich in der Bibel, im Alten und Neuen Testament beschrieben wird, ist ein höchst emanzipatorischer Glaube an Gerechtigkeit und Frieden, an Geschwisterlichkeit und Behutsamkeit. Die Botschaft hat nur einen langen Weg hinter sich, und wie beim Spiel „Stille Post" ist das nicht ohne Verfälschungen gegangen, die teilweise schon in den ersten Jahrhunderten passiert sind.

Jesus steht nach eigener Aussage auf dem Boden des „Mose und der Propheten" (Lukas 6,31). Mose steht als Synonym für das Gesetz, das in den fünf Büchern Mose überliefert ist, das Gesetz, das für alles menschliche Zusammenleben soziale Gerechtigkeit und Schutz der Benachteiligten in den Vordergrund stellt und grundsätzlich das Du dem Ich gleichstellt. Diese Tradition wird fortgesetzt durch die Propheten, die eben dieses nach Übertretungen durch Könige, Priester oder andere Führungsschichten, vehement einmahnen und alles Unglück, das das Volk Israel trifft (Eroberung durch die Assyrer, die Babylonier, die Perser, Zerstörung Jerusalems, Exil, …) einzig darauf zurückführen, dass das Gesetz Gottes übertreten wird.

Deutlicher als die Propheten kann man es nicht mehr sagen, dass nicht eine bestimmte Form des Kultes, sondern Gerechtigkeit und Barmherzigkeit im Zentrum der Religion stehen sollen: Nicht Gottesdienste und Opfer will Gott, sondern Recht und Gerechtigkeit (Amos 5,21-24).

Oder auch der Prophet Jesaja, der im 58. Kapitel das Fasten kritisiert, das nur dazu dient, vor Gott gut dazustehen, aber für die Armen und Unterdrückten keine Besserung bringt. Weil es also ein rein äußerliches Ritual ist, nimmt Gott es gar nicht an. (Jesaja 58,6-7).

Auch Jesus fordert in Matthäus 5,20 dazu auf, nicht in der Theorie oder in religiösen Übungen, sondern in der Gerechtigkeit besser zu sein als die Pharisäer und Schriftgelehrten. Und in Matthaus 25 spricht er vom Gericht: Er teilt die Menschen ein in „Schafe und Böcke", in solche, die mit ihm in sein Reich kommen werden und solche, die ausgeschlossen werden. Das Kriterium, wonach er sie teilt, hat nichts mit Reinheit der Glaubensaussagen zu tun, oder mit der privaten Moral, sondern allein damit, ob den Bedürftigen geholfen wurde oder nicht. Denn, so die einfache Formel, was man den Bedürftigen tut, tut man ihm. Hier stellt er sich klar und eindeutig an die Seite der Armen, Kranken, Gefangenen und Hungrigen und macht die Teilhabe an seinem Reich davon abhängig, wie man ihnen begegnet.

In der Urgemeinde in Jerusalem müssen die Christen seine Worte noch ernst genommen haben, denn von ihr wird berichtet, sie hätten ihren Besitz mit einander geteilt und alles Überflüssige verkauft um den Armen zu helfen. (Apostelgeschichte 2,44-45).

Aber die ursprünglichen Gedanken sind aus dem Hebräischen erst ins Griechische übersetzt worden, dann ins Lateinische übertragen. Schließlich ist das Ganze beim Verbreiten in Europa noch germanisiert worden. Bei jeder Übersetzung sind die Vorstellungen und das Vorverständnis dieser verschiedenen Kulturen mit eingeflossen, damit sind Ungenauigkeiten passiert, denn man übersetzt immer das, was man versteht, und das ist oft nicht das, was ursprünglich gemeint war, hundertprozentig deckungsgleich sind die Wörter verschiedener Sprachen sehr selten.
Jede dieser Kulturen hat ihre eigenen Deutungen in die Botschaft hineingetragen,

aus allen Kulturen ist etwas hängengeblieben: die meisten kirchlichen Bräuche sind heidnischen Ursprungs, sie haben nur, weil die Leute nicht darauf verzichten wollten, eine christliche Deutung bekommen.

Was war der Fehler der Pharisäer?

Da nicht mehr allgemein bekannt ist, was man unter einem Pharisäer versteht, zunächst eine Begriffsklärung:

„Pharisäer" ist kein Schimpfwort, wenn es auch (zumindest im Deutschen) durchaus auch so verwendet werden kann, aber dann ist nur das damit gemeint, das die obenstehende Frage schon beantwortet.

Pharisäer kommen vor allem in den Evangelien vor, und obwohl Jesus sie durchaus heftig kritisiert, ist im Grunde noch nichts Negatives an der Zugehörigkeit zur Gruppe. Auch Paulus war zunächst ein Pharisäer. Die Pharisäer waren eine einflussreiche religiöse Gruppierung im Judentum zur Zeit Jesu, meistens eher konservativ, da ihnen die Heilige Schrift (vor allem die Thora, die fünf Bucher Mose) am Herzen lag und sie ihre Einhaltung wichtig nahmen.

Die „Philosophie" (nennen wir es einmal so) der jüdischen Kultur war vor allem ein Nachdenken über die Schriften, Auslegung, Anwendung - nämlich ganz auf die praktische Umsetzung ins Leben konzentriert. Ihre Themen kreisten um das richtige Leben im Alltag, auf das Einhalten der Gebote und Verbote Gottes, auf die Art der rechten Hinwendung zu Gott. Viele waren Schriftgelehrte, das heißt Theologen und Juristen zugleich. Sie achteten nicht nur bei sich selbst, sondern auch bei anderen auf die Befolgung der Vorschriften, da sie hofften, dass, wenn auch nur einen Tag lang im ganzen Land das ganze Gesetz erfüllt wurde, der Messias käme und mit ihm sein Friedensreich (zumindest ist mir diese Erklärung aus meiner Studienzeit in Erinnerung geblieben).

Was berichten nun die Evangelien vom Konflikt Jesu mit den Pharisäern? Er hat - vom pharisäischen Standpunkt aus gesehen - das Gesetz oft recht eigenwillig interpretiert, vor allem das Sabbatgebot oder die Reinheitsvorschriften. Während sie in juristischer Manier die Formulierung des jeweiligen Gesetzes zum Maßstab gemacht haben („Was steht da wörtlich?"), hat er den ursprünglichen Sinn der Gebote, zum Beispiel die eigentliche Bedeutung des Sabbats als Ruhetag zum Wohl des Menschen, ins Zentrum gerückt und sich danach gerichtet (Markus 2,27). Diese Freiheit, die Evangelisten nennen sie „Vollmacht", nahmen ihm die Pharisäer übel. Sie waren die Schriftgelehrten, sie waren die Fachleute in Sachen Religion, sie waren die Autoritäten, und ihn sahen sie als eigenwilligen Aufrührer. Jesus wiederum hat sie für ihr Hängen am Buchstaben kritisiert, das vor lauter Liebe zum Detail den Zweck des Gesetzes, seinen „Geist" übersieht: So klagt er sie an, sogar von Gewürzen Gott den Zehnten Teil zu geben, aber Barmherzigkeit und Gerechtigkeit dabei zu vergessen Matthäus 23,23).

Darüber hinaus liegt die große Gefahr dieser Art von Gesetzestreue darin, dass man mit der Zeit dazu neigt, über andere zu urteilen und auf sie herabzuschauen. In Lukas 18,10-14 erzählt Jesus das Gleichnis vom Pharisäer und vom Zöllner, die beide im Tempel beten, der Pharisäer stolz und selbstbewusst, zählt alle seine Tugenden auf (auch wenn er dafür durchaus Gott dankbar ist), der Zöllner, reuig und schuldbewusst, bittet nur um Gottes Erbarmen. Jesus zieht nicht die Anständigkeit und Frömmigkeit des Pharisäers in Zweifel, er kritisiert nur dessen Selbstgerechtigkeit, die ihn dazu verführt, auf den Pharisäer verächtlich hinunterzuschauen. Und dieser Hochmut ist für Jesus das Vergehen, das alle vorangegangene Anständigkeit zunichte macht.

Dieses Gleichnis, und das darauf beruhende Gedicht von Eugen Roth machen deutlich, worin der Fehler der Pharisäer besteht:

> Ein Mensch
> betrachtete einst näher
> die Fabel von dem Pharisäer,
> der Gott gedankt voll Heuchelei
> dafür, dass er kein Zöllner sei.
> Gottlob! Rief er in eitlem Sinn,
> dass ich kein Pharisäer bin.

Sich der eigenen Anständigkeit zu sehr bewusst zu sein kann dazu führen, dass man selbstgerecht und unbarmherzig wird. Dabei nimmt die Warnung vor dem Beurteilen anderer in der Verkündigung der Bibel, vor allem in der Predigt Jesu sehr viel Raum ein.

Der nächste Schritt ist ein Verdrängen und Beschönigen der eigenen Unzulänglichkeiten, was wieder in Heuchelei ausartet. Auch dafür hat Jesus die Pharisäer angeklagt: Dass sie ihre Frömmigkeit zur Schau stellten, um ihr Ansehen vor der Gemeinde („vor den Leuten" Matthäus 6) zu stärken. Damit war nicht mehr Gott, sondern das eigene Ich Ziel der Übung.

Durch die Kritik Jesu sind die Pharisäer - zumindest im deutschen Sprachgebrauch zum Synonym für selbstgerechte Heuchler geworden. Inzwischen gerät das Wort wieder in Vergessenheit, viele Schüler wissen heute mit biblischen Ausdrücken wie „Pharisäer" oder „Mammon" gar nichts mehr anzufangen. Im Falle des Pharisäers fällt es mir schwer, dieses Vergessen zu bedauern.

Die Gefahr lässt sich nicht leugnen, dass Menschen, die sich um ein „gutes" Leben bemühen, ob sie ihre Motivation religiös, politisch oder anders begründen, in Selbstgerechtigkeit und Urteilen verfallen können. Die Menschen allerdings, die jede Bemühung um Gerechtigkeit und Verantwortungsbewusstsein von vornherein als „Gutmenschentum" lächerlich machen wollen, sind genau dieser Gefahr bereits erlegen.

Wie christlich ist unsere Tradition?

Nach allem was ich bisher über den christlichen Glauben in Europa gesagt habe, wäre man fast versucht, anzunehmen, die Antwort lautete: „Gar nicht!"

Das stimmt allerdings so auch nicht. Die Geschichte Europas ist für eine lange Zeitspanne identisch mit Kirchengeschichte, die Kirche hat eine große, prägende Rolle gespielt, und ganz unterschlagen hat sie die Gedanken der Bibel auch nicht. Nur sind viele Dinge, die unsere Zivilisation aus der Bibel gelernt hat, uns allen schon so in Fleisch und Blut übergegangen, dass die biblische Herkunft schon wieder in Vergessenheit gerät.

Auch bei dieser Frage muss man zuerst klaren, was man überhaupt unter „Tradition" versteht. Manche denken an äußere Symbole, wie Kreuze oder Krippenfiguren, andere denken an einzelne Bestandteile liturgischer Feiern, die immer gleich bleiben müssen, als wäre ein Gottesdienst nicht mehr „richtig", wenn ein bestimmtes Lied fehlt, oder der Pfarrer Straßenkleidung trägt. Wieder andere verstehen unter „Tradition" bestimmte Lehrsätze und Dogmen, die nicht aus der Bibel stammen, sondern im Laufe der Geschichte formuliert worden sind. Alle drei Themen will ich behandeln, aber zuerst soll der Kern des Evangeliums zur Sprache kommen, der wirklich auf die Bibel, auf Jesus zurückgeht:

A) Die biblische Überlieferung und ihr Schicksal

Ich habe hier schon in einem früheren Kapitel gesagt, was aus der Bibel kommt, ist ein höchst emanzipatorischer Glaube an Gerechtigkeit und Frieden, an Geschwisterlichkeit und Behutsamkeit. Man hört mich auch oft sagen: „die Menschenrechte wurzeln in der Bibel!" Nun muss ich diese Aussage aber auch belegen:

Gott offenbart sich dem Volk Israel als derjenige, der es aus der Sklaverei befreit, weil er ihre Not gesehen hat. Der Gedanke, dass er Freiheit bringt, zieht sich durchs ganze Alte Testament, damit verbunden aber auch die Auflage, diese Freiheit anderen nicht zu nehmen.

Am Anfang sollen die Zehn Gebote stehen, die man in der Bibel zweimal findet, einmal im 2. Buch Mose („Exodus") 20, ein zweites Mal im 5. Buch Mose („Deuteronomium") 5. Sie sind fast wörtlich gleichlautend, aber das Sabbatgebot wird unterschiedlich begründet : Wo das Buch Exodus mit Bezug auf die Schöpfung erklärt, warum der siebente Tag der Ruhetag sein soll, erklärt das Buch Deuteronomium die Einführung eines Ruhetags an sich mit den Erfahrungen der Sklaverei in Ägypten. Nummeriert sind die Gebote in der Bibel nicht, aus diesem Grund ist die Zählung auch nicht in allen Kirchen übereinstimmend: Die einen zählen das Bilderverbot als Teil des Verbots fremder Gottheiten (katholisch, lutherisch), die anderen lassen es als eigenes Gebot stehen und fassen dafür die, die mit „du sollst nicht begehren" beginnen in eins zusammen (reformiert).

Entsprechend der rabbinischen Gesetzeslogik kann man die Zehn Gebote auch so lesen, dass man bei „Du sollst nicht töten" anfängt:

(Die rabbinische Tradition schützt ein Gebot dadurch, dass sie es mit anderen umgibt, sie bauen also einen „Zaun um das Gesetz". Wenn man dann also die umgebenden Gebote einhält, läuft man gar nicht Gefahr, das zentrale zu übertreten. Ähnlich wie man eine Blume, die man gepflanzt hat, dadurch schützt, dass man sie mit einem Beet, einer Einfassung, einem Zaun umgibt).

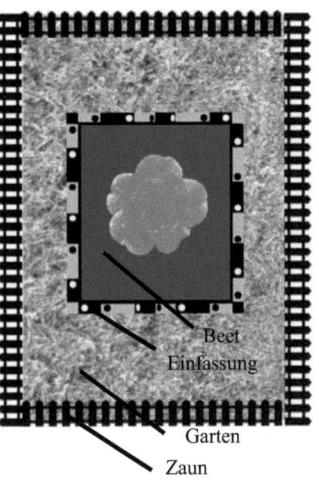
Beet
Einfassung
Garten
Zaun

„Du sollst nicht töten" also, dieses Gebot schützt das Leben, indem es dem Menschen das Recht abspricht, einem anderen Menschen das Leben zu nehmen.

Davor und danach geht es mit Ehren der Eltern und dem Verbot des Ehebruchs um den Schutz der Partnerschaft und Familie. Und beides ist durchaus auch im weiteren Sinn zu verstehen. Wenn hier vom Ehren der Eltern dir Rede ist, dann reden wir nicht vom Gehorsam minderjähriger Kinder, sondern von der Verpflichtung der Gemeinschaft, den Menschen das Recht auf Versorgung und Respekt auch im Alter zuzugestehen, auch und gerade dann, wenn der Mensch nicht mehr nützlich, sondern vielleicht sogar pflegebedürftig ist. (Nur so erklärt sich der Zusatz vom eigenen Wohlergehen und langen Leben). Das hat vor 3000 Jahren etwa durchaus bedeutet, dass man die Alten im Volk nicht einfach in der Wüste aussetzen darf, wenn sie die Karawane aufhalten. Das hätte doch einem Nomadenvolk sonst durchaus einfallen können, dass das Wohl der Gruppe wichtiger wäre als das Wohl der einzelnen Alten, die sowieso bald sterben. Wir wissen, wozu Menschen fähig sind, wenn sie es rechtfertigen können. Dieses Gebot wird heute immer wieder angekratzt durch verschiedene angstmachende Zukunftsvisionen, die den alten Menschen zunehmend zur materiellen Last erklären und Spannungen zwischen den Generationen schüren.

Nächster Zaun: Den Feiertag halten und nicht stehlen. Also im Umgang mit Arbeit und Eigentum die Regeln beachten und Fairness walten lassen. Ganz deutlich wird das Gebot in der Fassung im 5. Mosebuch, wo der wöchentliche Ruhetag mit dem Hinweis auf die eigenen Erfahrungen des Sklavendaseins begründet wird.

Also klar ausgedrückt sagt dieses Gebot: „Du hast es schrecklich gefunden als Sklave 7 Tage die Woche durchzuschuften, also mute das auch nicht deinen Untergebenen zu." Nicht übersehen darf man, dass der Sabbat auch für den Fremdling gilt – das war zur Zeit der Volksreligion Israels ja der Andersgläubige (oder auch der Ungläubige?), auch der soll seinen Ruhetag haben, damit wird ganz deutlich, dass der Sabbat nicht als religiöses Gebot, sondern als Menschenrecht zu verstehen ist, mehr noch, als Schöpfungsrecht, er gilt ja sogar für das (Arbeits-) Vieh. Damit liegt aber auch die Gewichtung nicht auf der religiösen Pflicht, an diesem Tag zur Versammlung zu gehen, sondern auf der Freiheit von Arbeit, auf Ruhe und auf Zeit für Feste und soziale Kontakte, Familie und Freunde.

Wieder davor und danach: den Namen Gottes nicht missbrauchen und kein falsches Zeugnis gegen deinen Nächsten ablegen, also keine falschen Zeugenaussagen vor Gericht machen, um einem anderen zu schaden, aber auch überhaupt keine Gerüchte verbreiten (die weit verbreitete Vereinfachung auf „Du sollst nicht lügen" halte ich für ziemlich problematisch). Ich sehe in diesem Gebotspaar den Aufruf zur Wahrhaftigkeit.

Missbrauch des Namens Gottes geschieht überall dort, wo Menschen sich die Autorität Gottes für ihre eigene Position oder ihre eigenen Ziele anmaßen und damit über Menschen, Tiere oder die ganze Schöpfung Leid und Elend bringen. Die Geschichte weis Beispiele genug, von den Kreuzzügen angefangen bis in die Gegenwart: alle, besonders die Menschen, die herrschen in Weltpolitik und Weltwirtschaft, sollten scharf nachdenken, bevor sie ihre Ansichten als den Willen Gottes verkünden oder ihr Land als besonders gottgefällig. Der Zusatz in 2. Mose 20,7 enthält eine deutliche Warnung vor dem Missbrauch des Namens Gottes. Die rabbinische Gesetzeslogik (siehe oben) hat dazu geführt, dass der Name Gottes im Judentum nicht ausgesprochen wird, manch fromme Christen befürchten, dass jedes achtlos ausgesprochene „Du lieber Gott" schon eine Übertretung dieses Gebots darstellen könnte. Die Bibelstellen selber stellen allerdings klar, dass es darum geht, den Namen Gottes niemals dazu zu benutzen, anderen zu schaden oder sie zu verurteilen.

Und Anfang und Schluss beziehen sich darauf, nicht auf das zu schielen, was die anderen haben, sondern sich mit dem eigenen zu bescheiden. Keine andern Götter, keine fremden Besitztümer. „Du sollst nicht begehren" - bedeutet auch „mit legalen Mitteln widerrechtlich an sich bringen"... Eine Schülergruppe hat einmal sogar aus dem Gebot „du sollst nicht begehren deines Nächsten Haus" das Recht auf Heimat herausgelesen, das heute so vielen Menschen weltweit genommen ist, weil andere (Nationen oder Konzerne) ihr Territorium beanspruchen.

Dabei ist es durchaus nicht unwichtig, zu berücksichtigen, wann das Volk Israel die Gebote bekommen hat, weil das durchaus Einfluss auf ihr Verständnis hat:

Sie waren gerade aus der Sklaverei in Ägypten befreit und unterwegs in das Land, in dem sie ihr eigenes Gemeinwesen aufbauen sollten. Daraus kann man durchaus den Schluss ziehen, dass es hier nicht um individuelle Frömmigkeit geht, sondern um die Werte, auf die die Gesetzgebung im Staat aufgebaut werden soll, um die Prinzipien, denen in der Gesellschaftsordnung die tragende Funktion zukommen soll.

Besondere Aufmerksamkeit widmet die Bibel benachteiligten Bevölkerungsgruppen, wie den Fremdlingen, den Armen, den Taglöhnern, den Witwen, den Waisen, den

Tauben und Blinden. Der Fremde soll wie ein Einheimischer behandelt werden, die Taglöhner sollen ihren Lohn noch am selben Tag bekommen - weil sie ja darauf angewiesen sind, Ernteüberschüsse sollen für die Armen und Fremdlinge stehen gelassen werden, und in allem soll Recht und Gerechtigkeit gelten, keiner soll übervorteilt werden (2. Mose 22,20; 3 Mose 19,33-36; 5. Mose 24).

Alle diese Gebote zielen darauf, den anderen, ob gleichen Volkes, gleicher Religion, oder nicht, in Frieden leben zu lassen und ihn wie seinesgleichen zu akzeptieren und ihm zu helfen, wenn er es braucht. Zugleich soll denen, die nicht mit allem Lebensnotwendigen versorgt sind, selbstverständlich ihr Anteil zugestanden werden, und zwar nicht aus Mildtätigkeit, sondern als ihr Recht.

Nicht nur die Menschenrechte, auch der Sozialstaat wurzelt also in der christlichen Tradition, die wir Bibel nennen. In diesen Bereichen hat der christliche Glaube in Europa durchaus Spuren hinterlassen, eben diese Errungenschaften werden aber im Bewusstsein der Menschen oft gar nicht mehr mit dem Christentum in Verbindung gebracht.

Gerade im Bereich sozialer Gerechtigkeit sind es auch oft genug NICHT die offiziellen Vertreter der großen Kirchen gewesen, die Werke der Menschlichkeit angeregt, aufgebaut und durchgesetzt haben, sondern eher Einzelpersonen ohne hohe kirchliche Ämter innerhalb der Kirchen oder neben den christlichen Gemeinden, oder freikirchliche Gruppierungen (man denke z.B. an Albert Schweitzer, an Henri Dunant, an Martin Luther King, an die Gründer der Diakonischen Werke, oder an den Einsatz der Mennoniten, der Methodisten und der Quäker für die Abschaffung der Sklaverei in den USA, lange bevor sie 1865 durchgesetzt wurde).

Niemand aber kann abstreiten, dass das Engagement dieser Menschen für humane Ziele aus ihrem christlichen (fallweise auch jüdischen) Glauben stammt und durch ihr Bibelstudium begründet war.

Nicht selten wurden von kirchlicher Seite genau diese Äußerungen gelebten Christseins verfolgt.

Auch Bibellesen ist lange Zeit verboten gewesen, selbst in Österreich während der Gegenreformation (bis 1781). Wer die Bibel kennt, der wundert sich nicht, dass Machthaber sie verbieten wollten, denn Unterordnung unter Autoritäten ohne zu fragen - genau das lehrt die Bibel NICHT. Im Gegenteil, sie ist stellenweise Obrigkeiten und Hierarchien gegenüber extrem kritisch (man denke nur an die Jotamsfabel in Richter 9 oder Samuels Warnung vor der Monarchie in 1. Samuel 8. Oder die Aussage der Jünger, angeführt von Petrus, in Apostelgeschichte 5,29: „Man muss Gott mehr gehorchen als den Menschen").

Welche andere Kultur hat schon Jahrhunderte vor Christi Geburt festgehalten, dass Gesetze auch für den Herrscher verbindlich sind, und dass er seinem Volk gegenüber Verpflichtungen hat? Dass er, wenn er seine Machtposition ausnutzt, durchaus von Gott zur Verantwortung gezogen wird? Die Geschichtsbücher Israels und die Propheten lassen keinen Zweifel daran. Das allerdings haben die Kirchen zugunsten der Machthaber lange Zeit zu erwähnen „vergessen".

Vom Augenblick an, in dem das Christentum nicht mehr verboten war, wurde es von den Mächtigen instrumentalisiert. 313 erließ Kaiser Konstantin eine Konstitution (das „Mailänder Edikt"), mit dem der christliche Glaube zunächst nur erlaubt war, in der Folge haben er und seine Nachfolger die Kirche gefördert, bis das Christentum 380 zur Staatsreligion erhoben wurde. Aber das geschah vermutlich eher aus politischem Kalkül als aus Glaubensgründen, denn so hatten auch die Kaiser Einfluss auf die Entwicklung der Kirche. Ihre prophetische Aufgabe, nämlich die Herrscher an ihre Verantwortung gegenüber den Mittellosen zu erinnern, hat die Kirche lange Zeit nicht wahrgenommen.

Aber nicht nur weltliche Herrscher haben die Kirche und ihren Einfluss und ihre Glaubwürdigkeit benutzt und missbraucht, auch kirchliche Würdenträger waren häufig mehr an Macht als an Christus interessiert. Schließlich war eine kirchliche Laufbahn ja oft genug eine anerkannte Ausweichkarriere für jüngere Sohne und unverheiratete Töchter reicher Personen.

B) Die nachbiblische Tradition

Dazu gehören vor allem Dogmen und Lehrsätze, die die Kirche in nachbiblischer Zeit, durch das Mittelalter hindurch, teilweise bis heute formuliert hat, oft aus theologischen Auseinandersetzungen heraus. Die wichtigsten Dogmen der ersten paar Jahrhunderte hat auch die Evangelische Kirche übernommen, da sie der Bibel nicht widersprechen. Allerdings sind die meisten für den täglichen Gebrauch uninteressant, weil sie auf die Fragen der Gegenwart längst keine Antworten mehr geben.

Im frühen Christentum prallen zwei Welten aufeinander und müssen sich erst vorsichtig miteinander arrangieren. Die früheste Überlieferung stammt aus Israel, aus einer monotheistischen Kultur, in der bildliche Darstellungen verpönt sind. Nicht nur Bilder von Gott sind tabu, auch Darstellungen von Menschen oder Tieren. Man denke an Moses (und Gottes) Zorn, als er bei der Rückkehr vom Berg Sinai, wo er die Gebote erhalten hat, das Volk beim Tanz ums Goldene Kalb überrascht (2. Mose 32).

Der Glaube Israels betrifft vor allem das Tun und Lassen im täglichen Leben, ist „Weisung", „Gesetz", das Nachdenken darüber ist ebenso lebensnah, hier geht es weniger um philosophische Definitionen als um praktische Lebensweisheit. Der Name Gottes, der meist mit „Ich bin, der ich bin" oder „Ich-bin-da" übersetzt wird, lädt nicht zur theoretischen Diskussion über sein Wesen oder seine Eigenschaften ein, weil Gott sich ja nicht festlegen lässt. Der Name (bzw. die beim Vorlesen stattdessen verwendete Umschreibung „adonaj" („Herr", in der Lutherübersetzung durch durchgehende Großschreibung gekennzeichnet: „HERR") dient in den Prophetenbüchern aber immer wieder zur Bekräftigung einzelner Anweisungen oder Vorwürfe. Wohl gibt es Vorschriften zur rechten Ausübung des Kultes, vor allem der Opfer, aber die meisten Regeln sind nicht nur in kultischen Feiern, sondern auch im Alltag zu beachten (Schutz der Schwachen, Rechte der Sklaven, Reinheit, Sabbatjahr). Frömmigkeit drückt sich aus durch Achtung Seines Willens im Alltag, da Gott der Herr des ganzen Lebens ist.

Durch die Heidenmission des Apostels Paulus (und anderer Missionare) trifft die Botschaft aus der hebräischen Vorstellungswelt auf den Hellenismus der Spätantike, auf die griechische Philosophie, auf die ganz anders geartete Vorstellungswelt der unterschiedlichen heidnischen Völker im römischen Reich. Viele Fragen brechen auf.

So hat die Alte Kirche sich mit der Frage auseinandersetzen müssen, wer Jesus ist, und in welchem Verhältnis er zu Gott steht: Was ist mit „Sohn Gottes" gemeint? Ist er ein Mensch, oder ist er ein Gott? Wenn er ein Gott ist, ist er dann gleichviel wie Gott, der Vater? Oder ist er jenem untergeordnet (wie Artemis oder Apollo dem Göttervater Zeus)? Oder ist er gar ein Halbgott, wie Herakles oder andere Helden des heidnischen Umfelds? Die Vorstellung, dass ein Gott mit einer Menschenfrau ein Kind zeugt, war doch in der hellenistischen Kultur keine außergewöhnliche, aber zur Behauptung, dass es nur einen Gott gibt, scheint sie nicht zu passen. Und wenn er Gott ist, wie konnte er dann sterben? Kann Gott denn sterben? Oder ist er doch nur ein Mensch gewesen? In welchem Verhältnis stehen göttliche und menschliche Natur in ihm?

Und wer oder was ist der Heilige Geist? Wenn es einen Vater, einen Sohn **und** einen Heiligen Geist gibt, wieso sagen wir dann immer noch: Es gibt nur einen Gott? Wie ist Marias Rolle in der Geschichte zu verstehen?
Und dann war da auch noch die ganz am Anfang erwähnte Frage des Bilderverbots …

Daneben wurde die Form der Kirche und ihrer Bräuche und Feste in jener Zeit vereinheitlicht. Alles durchaus auch unter dem Aspekt, dass eine einheitlich organisierte Kirche bei der Verwaltung eines so großen Reiches eine beträchtliche Hilfe darstellt.

Diese Dogmen sollen also klären und erläutern, tun sie das nicht mehr, dann darf man sie getrost zugunsten des Bibeltextes ignorieren. Sie sind in keiner Weise gleichwertig. Für Evangelische. Die katholische Kirche sieht hier vieles anders. Sie hat ja auch die Tradition des Dogmatisierens bis weit in die Neuzeit hinein fortgesetzt.

Dogmen, die die evangelische Kirche nicht mehr mitübernommen hat, betreffen zum Beispiel Maria und ihren Platz im Heilsgeschehen. Da sich über Maria weiter nichts in der Bibel findet als ihr Part als Mutter Jesu, hat die Evangelische Kirche dem auch nichts mehr hinzugefügt. Zwar wurde die biologische Jungfräulichkeit der Maria vor der Geburt Jesu nie offiziell in Frage gestellt, denn immerhin spricht **ein** biblischer Autor, nämlich Matthäus, ausdrücklich davon, und wenn es in der Bibel steht, werden wir es nicht anzweifeln. Außerdem ist eine Schwangerschaft ohne geschlechtliche Zeugung auch für die moderne Wissenschaft kein Problem mehr, also kann man sie beruhigt Gott auch zutrauen.

Besonders hervorheben muss man sie allerdings nicht. Denn ob Josef Jesu Vater ist oder nicht, ist für den weiteren Verlauf der Geschichte völlig gleichgültig. In den Stammbäumen Jesu (Matthaus 1,16 und Lukas 3,23) wird jedenfalls Josef als Nachkomme Davids angeführt, nicht Maria. Das ist allerdings schon fast die einzige Übereinstimmung zwischen den beiden Listen.

Die Aussage „empfangen durch den Heiligen Geist" bezieht sich nicht auf biologische Zustände Marias, sondern will besagen, dass Jesus nicht einfach nur ein großer Prophet war, auch nicht ein Mensch, den Gott zum Wohle der Menschheit geopfert hat (das wäre ja mit dem liebenden Gott nicht zu vereinbaren), sondern dass in ihm Gott selber als Mensch gelebt hat, dass Gott also seinen Menschen zuliebe alle ihre Erfahrungen von Hunger und Durst, Müdigkeit, Freude, Schmerz, Angst und Tod auf sich genommen hat und also weiß, wie einem Menschen zumute ist, der eben jenes gerade erfährt.

Ob Gott sich dazu allerdings unbedingt einer Jungfrau bedient, oder einfach einer Frau, ist zweitrangig. Wichtig ist, dass er von einer Frau geboren wird, das garantiert, dass er ein wahrer, hundertprozentiger Mensch ist. Denn etwas anderes kann eine Frau nicht gebären.

Die „Jungfrau" geht zurück auf ein Zitat aus Jesaja 7,14: *„Darum wird euch der HERR selbst ein Zeichen geben: Siehe, eine Jungfrau ist schwanger und wird einen Sohn gebären, den wird sie nennen Immanuel (Gott ist mit uns)"*. Schon in der Septuaginta wurde das hier verwendete Wort עַלְמָה (alma = heiratsfähige junge Frau) mit παρθένος (parthenos = Jungfrau) wiedergegeben, obwohl die beiden Worte nicht wirklich dasselbe bedeuten.

Wichtig allerdings ist dabei lediglich, dass Gott ganz als Mensch geboren wurde.

C) Das Kreuz als „Europäische Tradition"?

Was bedeutet es, wenn in öffentlichen Gebäuden Kreuze hängen? Immer wieder kommt es vor, dass Nichtchristen sich dadurch gestört fühlen. Nicht so sehr Muslime oder Buddhisten, eher die Konfessionsfreien, die Ablehner des Christentums, fühlen sich dadurch bevormundet, und daher abgestoßen.

Ihre Argumente kann man zum Teil gut nachvollziehen, wenn man fragt, „wofür steht dieses Kreuz denn?" Das Kreuz ist ein Symbol, und Symbole sind nicht eindeutig, sie müssen im Kontext gesehen werden, sie bedürfen der Erklärung. Eine offizielle Deutung des Kreuzes als Symbol ist bislang unterblieben, sie würde die Frage aber so oder so entscheiden.

Als Symbol für die europäische Kultur ist das Kreuz in einer multikulturellen Gesellschaft angreifbar, vielleicht sogar fragwürdig. Nicht die Zugewanderten aber, Menschen anderer Kulturen und Religionen, fühlen sich dadurch bedrängt, sondern überwiegend Europäer, die mit dem Kreuz Vorstellungen verbinden, die sie nicht als Teil ihres Selbstverständnisses ansehen können.

Der Schluss liegt nahe, dass es als Symbol für die Kultur ausgedient hat, wenn es zu viele nicht mehr anerkennen.

(Anmerkung: Was durchaus den sinkenden Mitgliederzahlen der Kirchen entspricht, aber vergessen wir nicht, dass auch unter den Kirchenmitgliedern nicht nur überzeugte Christen sind. Es gibt viele, die nur noch aus Bequemlichkeit dazugehören, oder aus Gewohnheit, und es gibt auch heute noch Menschen, die ihre Kirche lediglich als Bühne für ihre persönlichen Eitelkeiten benutzen.)

Steht das Kreuz als Symbol für Christus, die menschgewordene Liebe Gottes, der niemanden diskriminiert, der sich für alle Menschen, besonders für die verachteten und schuldbeladenen, hingegeben hat, um sie zu retten - wer wollte sich an seinem Anblick stoßen? Die Proteste dagegen machen aber klar: diese Deutung ist nicht unumstritten, ist wahrscheinlich nur frommes Wunschdenken, was durchaus daran liegt, dass auch im Christentum die Theorie in der Praxis oft überhaupt nicht mehr erkennbar ist. Zu lange haben es „christliche" Herrscher und Herrscher der Kirchen für ihre eigenen Ziele benutzt, sodass es für manche Menschen als Herrschaftszeichen der Kirche gilt, die sich anmaßt über Menschen zu urteilen (besonders der römisch- katholischen, vielleicht aber auch aller Kirchen); hier wäre eine Klärung besser als ein Beharren darauf, es als „Kultursymbol" anzusehen.

Steht es für ein christliches Selbstverständnis Europas (oder auch nur Österreichs), so muss sich Europa (oder auch nur Österreich) aber auch der Frage stellen, ob das Kreuz nicht ein bloßes Lippenbekenntnis ist. Die Grundwerte Europas mögen aus dem Christentum stammen: soziale und juristische Gerechtigkeit, Rücksicht auf Schwächere, Integration Fremder, Verurteilung von Gewalt. Aber im gegenwärtigen Streben, alle Bereiche des politischen, gesellschaftlichen und persönlichen Lebens den Bedingungen und Regeln der Finanzwirtschaft zu unterwerfen, werden sie zunehmend unterlaufen und ausgehöhlt. Dass das mit stetigem Verfall der Lebensqualität verbunden ist, ist bereits spürbar, nur werden die Zusammenhänge noch nicht wahrgenommen - oder auch bewusst bestritten, wer weiß?

Von der Liebe

Für das Wort „Liebe" gibt es wahrscheinlich ähnlich viele Deutungen wie für den Begriff „Gott". Jeder Mensch hat sein eigenes Verständnis von Liebe, und zwischen den Definitionen können Welten liegen.

Auch die Bibel kann „Liebe" nicht in einem Wort erklären, nicht in einem Satz, in einem Kapitel, in einem Buch. Liebe, die man juristisch definieren könnte, wäre ihrem Wesen nach keine Liebe mehr. Denn dann stünde sie selbst im Mittelpunkt, nicht mehr der, dem sie gelten soll. Das macht die Erklärung kompliziert. Eins aber ist zweifellos klar: Die Bibel spricht nicht von Gefühlen. Liebe im christlichen Verständnis hat nichts mit Gernhaben zu tun. Es wäre unrealistisch anzunehmen, man könnte Gefühle anordnen: *„Du sollst den Herrn, deinen Gott, lieben von ganzem Herzen, von ganzer Seele, von allen Kräften und von ganzem Gemüt, und deinen Nächsten wie dich selbst* (3. Mose 19,18)". Was tun, wenn sich die gewünschten Gefühle nicht einstellen? So gesehen kann ja Lieblosigkeit auch nicht als Schuld bezeichnet werden, denn für seine Gefühle kann man genauso wenig wie für deren Fehlen. Auch die Verortung im Herzen weist nicht auf Gefühle hin, denn in der zeitgenössischen Kultur suchte man die Gefühle in den Nieren (erhalten ist die Vorstellung in der Redewendung im Deutschen: „das geht mir an die Nieren"), im Herzen dagegen war das Denken beheimatet. Man konnte jetzt Aufsätze darüber schreiben, was sich in einer Kultur verändert, wenn man das Denken, das aus dem Herzen kommt, als „unsachliche Gefühle" diffamiert.

Tatsache ist, dass Liebe im biblischen Sinn weder mit Gefühlen noch mit Chemie etwas zu tun hat, auch nicht mit sexueller Anziehung, oder mit sonstigen Trieben, sondern Liebe ist eine Leistung der Vernunft und des Gemeinschaftssinns, Liebe anerkennt den anderen als gleichwertiges Gegenüber, dessen Bedürfnisse und Ängste genauso ernst zu nehmen und zu berücksichtigen sind wie die eigenen.

Liebe ist eine Lebenseinstellung, die man sehr wohl lernen kann, daher kann man sie auch fordern, bzw. als Ziel vor Augen stellen: *„So sollst du nun den HERRN, deinen*

Gott, lieben und sein Gesetz, seine Ordnungen, seine Rechte und seine Gebote halten dein Leben lang" (5.Mose 11,1); *„Darum sollt ihr auch die Fremdlinge lieben; denn ihr seid auch Fremdlinge gewesen in Ägyptenland"* (5.Mose 10,19); *„Doch liebt Wahrheit und Frieden!"* (Sacharja 8,19); *„Hasset das Böse und liebet das Gute"* (Am 5,15); *„Liebt eure Feinde; tut wohl denen, die euch hassen"* (Lukas 6,27); *„Das ist mein Gebot, dass ihr euch untereinander liebt, wie ich euch liebe"* (Johannes 15,12). Zur Liebe fähig ist allerdings nur, wer Liebe schon einmal empfangen hat.

Zum besseren Verständnis empfehle ich als Lektüre „Die Kunst des Liebens" von Erich Fromm (1956), oder - etwas neuer - „Die fünf Sprachen der Liebe" von Gary Chapman (2010). Es geht nicht um theoretische Erörterungen, sondern um das praktische „Wie mach ich das?"

Liebe ist lebendig. Sie entsteht durch Beschäftigung mit etwas oder jemandem. Sie wächst, so sie ausreichend Nahrung bekommt, und sie kann verkümmern, wenn man sie verhungern lasst. Liebe öffnet Herz und Seele für das Gegenüber, sei es ein Mensch oder Gott, sei es die Natur, ein Tier oder eine Tätigkeit. Oder das Leben selbst. Liebe bemüht sich zu verstehen, ohne zu urteilen.

Aber wie sollte ich in einem Kapitel Liebe erklären, wenn das die ganze Bibel nicht schafft? Als personifizierte Liebe stellt sie uns Jesus von Nazareth vor, dass wir uns an ihm ein Beispiel nehmen, ihm „nachfolgen", wie das die Evangelisten formulieren.

Liebe kann man nicht festlegen, weil ein und dasselbe Verhalten in einer Situation liebevoll, in einer anderen lieblos sein kann. Liebe kann wohl Regeln und Vorschriften anerkennen, kann sich aber auch spontan über sie hinwegsetzen. Sie kann unparteiisch fair sein, oder auch vehement Partei ergreifen, wenn nötig. Liebe ist eng verwandt mit Gerechtigkeit und Wahrheit, und sie kann nur gedeihen, wenn man ihr eine gewisse Freiheit zugesteht.

Liebe, die ich meine,
ist die Tochter der Wahrheit,
aus Ewigkeit geboren
in eine endliche Welt.

Liebe, die ich meine,
ist die Schwester der Freiheit.
Sie will keine Fesseln,
sie kennt keine Angst.

Liebe, die ich meine,
ist die Mutter der Weisheit.
Sie veredelt die Menschen,
die sie berührt.

Gerade in seinem Übertreten mancher Gebote zugunsten einzelner leidender Menschen hat Jesus immer wieder deutlich gemacht, das das Wohl des Menschen ihm mehr gilt als das Einhalten von Vorschriften - es sei denn, die Vorschrift dient dem Wohl des Menschen, und zwar nicht „prinzipiell", sondern im konkreten Augenblick, in der konkreten Situation*.

*Beispiele: Matthäus 12,1-8 und 9-12 *(Parallelen dazu in Markus 2,23-28 und 3,1-6 sowie in Lukas 6,1-5 und 6-11)*; Matthäus 15,1-20 *(Parallele: Markus 7,1-23)*; Lukas 13,10-17; Lukas 14,1-6; Johannes 5,1-18; Johannes 9)

Könnte man Liebe in Gesetze fassen, oder auch nur in Regeln beschreiben, ich bin sicher, Jesus hatte uns eine entsprechende Schrift hinterlassen. Aber die Situationen und die beteiligten Menschen sind jeden Tag wieder anders und neu. Und an ihnen muss sich die Liebe orientieren, nicht an einmal festgelegten Beschreibungen oder Regeln, die doch nur wieder die Gefahr der Selbstgerechtigkeit in sich verbergen, wenn man ja „seine Schuldigkeit getan" hat und darüber hinaus „zu nichts verpflichtet" ist. So hat Jesus ja in Lukas 10 die Geschichte vom barmherzigen Samariter erzählt weil ein Schriftgelehrter eine Definition haben wollte, wann Nächstenliebe geboten ist (und wann nicht - das ist der logische Schluss). Jesus lässt sich auf keine Definition ein, sondern antwortet mit einer Beispielgeschichte und dreht an deren Schluss die Perspektive um: die Frage ist jetzt nicht mehr juristisch: „Was qualifiziert den Nächsten, dem ich helfen soll?", sondern praktisch: „Wer hat zugepackt, als es nötig war und sich als Nächster erwiesen?". Die Moral der Geschichte: Statt Regeln ist hier unsere Phantasie gefragt, die gemeinsam mit Einfühlungsvermögen und Aufmerksamkeit wesentlicher Bestandteil der Liebe ist.

Der Autor der Johannesbriefe sagt: „Gott ist die Liebe" (1. Johannes 4,16 und öfter) und tatsächlich ist beiden manches gemeinsam: man kann sie nicht darstellen und nicht beweisen, weil ihre Gestalt nicht festgelegt ist. Alles, was in einem Moment Liebe ausdrückt, kann in einem anderen leere Floskel sein. Alles, was wir aus Liebe tun, könnten wir auch aus anderen Motiven tun. Liebe kann man nicht beweisen, Liebe muss man glauben. Und dennoch ist sie nicht nur real, sie ist sogar eine gewaltige Kraft, die tatsächlich Wunder wirken kann.

Die Heiligung des Profanen

Jede Religion kennt die Vorstellung des Heiligen: heilige Orte oder heilige Zeiten, heilige Handlungen, heilige Dinge, und manche sogar alles zusammen. Es ist mit ein Grund, warum gerade Religion die Menschen aggressiv machen kann - das Heilige muss geschützt werden, das Heilige darf man nicht entweihen, es gebietet Ehrfurcht und Respekt, und wehe dem, der sich daran vergreift.

Auch das ist ein Grund, warum Religion häufig abgelehnt wird: in der hoffnungsvollen, aber leider falschen Annahme, dass Menschen friedlicher wären, wenn ihnen nichts heilig ist, hält man diese Ehrfurcht für die Wurzel des Übels - ich erinnere an eine Zeile aus John Lennons „Imagine": *„Imagine there's no countries, it isn't hard to do, nothing to kill or die for, and no religion, too"* („Stellt euch vor, es gibt keine

Nationen, das ist gar nicht so schwer, nichts, für das es sich lohnt, zu sterben oder zu töten, und auch keine Religionen mehr"). Aber Diffamierung und Verfolgung von Andersdenkenden ist nicht auf die Religionen beschränkt, das hat ja zum Teil auch John Lennon berücksichtigt, wenn er auch die countries, Länder im Sinne von Nationen gemeint, und possessions (Besitztümer) aufzählt, die Verursacher von Gier und Hunger (greed and hunger).

Alles, was Menschen voneinander trennt, ob Nationalität, politische Einstellung, Hautfarbe, soziale und materielle Unterschiede, oder auch nur die Bevorzugung eines Fußballvereins, kann zu Ausgrenzung, Streit, Gewalt und Verfolgung führen, vor allem dann, wenn man die „anderen" als Bedrohung empfindet. Ich bin sicher, ich muss hier keine Beispiele aufzählen, Geschichte und Literatur sind voll davon.

Und wenn wir die Vision John Lennons wirklich durchspielen und uns vorstellen, es gäbe nichts, absolut nichts, das einem heilig sein kann - ist das tatsächlich so einladend? Sind es nicht gerade Menschen, denen nichts heilig ist, die vor nichts Ehrfurcht haben, vor denen man sich am meisten fürchtet? Weil es auch nichts gibt, mit dem man ihnen Einhalt gebieten kann, nichts, das sie aufhält?

Entscheidend ist wohl eher, **was** Menschen für heilig halten. Was ihnen Respekt und Ehrfurcht abnötigt, was sie verteidigen. Hier werden oft die Menschenrechte genannt, die aber auch nichts anderes sind als eine Ausformulierung dessen, was die Bibel „Gerechtigkeit" nennt. Wenn seine Religion den Menschen dazu bringt, das Leben zu achten, das Schwächere zu verteidigen, Fairness zu üben und der ganzen Schöpfung mit Respekt zu begegnen, dann hatte wahrscheinlich auch John Lennon nichts dagegen gehabt.

Nur genau das haben tonangebende Christen lange Zeit nicht als das Wesentliche im Leben des Gläubigen verbreitet. Und hier liegt der große Fehler der Kirchen: Sie haben zu lange Glaubenssätze, Gehorsam und Sexualmoral wichtig genommen und Barmherzigkeit gegenüber den Schwächeren und wirtschaftliche Gerechtigkeit als wesentliche Forderungen der Bibel einfach vergessen. Es kann heilsam sein, Jesu Kritik an den Pharisäern und Schriftgelehrten auch auf die eigene Tradition zu beziehen (Matthäus 23,23-25, entsprechend auch Lukas 11, ab Vers 39). Ähnlichen Inhalt hatte ja schon die Kritik der Propheten, wie zum Beispiel aus Jesaja 58 oder Amos 5 ersichtlich. Im Gegensatz zu Jesus haben sich die Kirchen lange Zeit auf kontrollierbare Äußerlichkeiten im Leben ihrer Mitglieder konzentriert, was dazu geführt hat, dass sie sich zum Teil sogar weit vom Wort Gottes entfernt haben.

Heilig kann für einen Menschen, der an den Schöpfer des Lebens glaubt, nur das Leben sein, nicht irgendwelche Sätze, Orte oder Gegenstände. Heilig kann für einen Menschen, der an den Gott der Bibel glaubt, nur die Liebe sein, also die Hinwendung zum Du.

Zurück zum Begriff „heilig". In den Schriften des Alten Testaments ist „Der Heilige" einer der Namen Gottes. Der eigentliche Gottesname, JHWH, wird ja nicht ausgesprochen, also behilft man sich mit Beschreibungen seiner Eigenschaften, auch in der Anrede: Herr (adonaj), Allmächtiger, Heiliger, Schöpfer der Welt, unser König, Erhabener, Barmherziger, und vieles mehr.

Heilig ist also zunächst nur Gott selber, und von ihm abgeleitet dann alles, was ihm gehört; was ihm geweiht ist, wird unantastbar für Menschen, weil es Gottes Eigentum ist. Heilig ist der Ort seiner Anwesenheit (*„Tritt nicht herzu, zieh deine Schuhe von deinen Füßen; denn der Ort, darauf du stehst, ist heiliges Land!"* sagt Gott zu Mose in 2. Mose 2,5), das Allerheiligste im Tempel durfte außer dem Hohepriester kein Mensch betreten, und der Hohepriester auch nur einmal im Jahr, am Versöhnungstag (Jom Kippur). Heilig ist der Sabbat als Ruhetag (siehe S. 30), der wieder mit so vielen erläuternden Gesetzen geschützt wurde, dass mit der Zeit aus einer Wohltat eine Belastung werden konnte. Jesu wiederholtes Übertreten des Sabbatgebotes war ja ein Versuch, die Menschen wieder zum ursprünglichen Sinn des Gebotes zurückzuführen (*„Der Sabbat ist um des Menschen willen gemacht und nicht der Mensch um des Sabbats willen"*, sagt Jesus in Markus 2,27), was aber am religiösen Eifer der Pharisäer gescheitert ist.

Jesus lenkt den Blick wieder zurück auf das wahre Heilige: Gott und Sein Gebot.

Auch wenn Jesus das Wort „heilig" selber nicht verwendet, sagt er doch sinngemäß: Heilig ist der Friede, heilig ist die Gerechtigkeit, heilig ist die Versöhnung, die Barmherzigkeit, das Leben, die Liebe zu Gott und zum anderen Menschen. Nachzulesen in den Evangelien, vor allem in der Bergpredigt Matthäus 5-7 und Lukas 6, aber eigentlich in allem, was Jesus sagt.

Heilig ist nicht von ungefähr dem Wort „heil" so ähnlich. Heilig ist, was heilt, was heil ist, was Heil bringt.

Mit dem Eindringen heidnischer Vorstellungen und Verständnisweisen im Zuge der Christianisierung Europas bekam das Heilige den Nimbus des Magischen. Heilige Menschen, heilige Gegenstände (Reliquien), heilige Orte, wurden als wundertätig angesehen, und da der Glaube Wunder wirken kann, wird auch tatsächlich von solchen erzählt.

Martin Luther wiederum, der den persönlichen Glauben des einzelnen Menschen als maßgeblich ansieht, bezieht auch das Wort „heilig" auf die Beziehung des Einzelnen zu Gott, so kann Luther auch sagen, selbst ein Schweinestall könnte zu einem heiligen Ort werden, wenn darin recht gebetet würde. Daher ist im evangelischen Verständnis nicht der Kirchenraum das Heilige, sondern der Gottesdienst, der darin gefeiert wird.

Nicht der Ort heiligt das Geschehen also, sondern das Geschehen den Ort, die Zeit. Wie einem persönlich ein Gegenstand „heilig" werden kann durch die Erinnerung, mit der er verbunden ist, so auch ein Ort durch eine Begebenheit (1.Mose 28,17: Jakob kennzeichnet die Stelle, an der ihm die Himmelsleiter erschienen ist durch einen aufgerichteten Stein und nennt sie Beth-El, „Haus Gottes"). Nicht das äußere Zeichen ist das Heilige, sondern das, dessen Symbol es ist.

Da Paulus die Mitglieder der Gemeinden, denen er seine Briefe schreibt, als „Heilige" anspricht (weil sie durch ihren Glauben ja zu Gott gehören) und zur „Heiligung" aufruft, das heißt dazu, sich selbst auf das Vorbild Jesu hin zu erziehen

(z. B. in 1. Korinther 1,30; 2. Korinther 7,1; 1. Thessalonicher 4,3 u.ö.), ist durch diese Konzentration auf das persönliche Leben auch auf evangelischem Boden eine Haltung gewachsen, die mehr auf eigene Untadeligkeit achtet als auf die Dinge, die für Jesus im Zentrum seiner Predigt gestanden sind (Die Gefahr dabei ist die Nähe zur ichbezogenen Haltung der Pharisäer). Wobei es Paulus aber durchaus um die Heiligung der ganzen Gemeinschaft durch liebevollen Umgang miteinander ging (so wirft er in 1.Korinther 11 beispielsweise der Gemeinde vor, dass sie sich selbst entheiligt, wenn die Ärmeren missachtet und ausgeschlossen werden).

Deutlich wird die Einstellung des Paulus auch in Römer 14: In der Frage, wie Christen es denn mit für Juden (und manche aus dem Judentum kommende Christen) unreinen Speisen halten sollten, sagt er: *„Ich weiß und bin gewiss in dem Herrn Jesus, dass nichts unrein ist an sich selbst; nur für den, der es für unrein hält, ist es unrein. Wenn aber dein Bruder wegen deiner Speise betrübt wird, so handelst du nicht mehr nach der Liebe. Bringe nicht durch deine Speise den ins Verderben, für den Christus gestorben ist. Es soll doch nicht verlästert werden, was ihr Gutes habt.*
Denn das Reich Gottes ist nicht Essen und Trinken, sondern Gerechtigkeit und Friede und Freude in dem Heiligen Geist. Wer darin Christus dient, der ist Gott wohlgefällig und bei den Menschen geachtet. (Römer 14,14-18)

Auch für Jesus ist das Opfer wertlos, wenn der Opfernde im Unfrieden mit seinem Bruder lebt (Matthäus 5,23), Liebe nur zu den Brüdern nennt er „nichts Besonderes" (Matthäus 5,47) und zur Schau gestellte Frömmigkeit oder Wohltätigkeit hinfällig (Matthäus 6,1-18). Vor allem aber ist nur der ein guter Baum, der gute Früchte bringt (Matthäus 7,16-20), also nur der, der in seinem Leben Spuren der Liebe, der Gerechtigkeit, des Friedens hinterlässt.

Entsprechend müsste man im Sinne Christi die traditionelle Argumentation auch in Bezug auf die Ehe umdrehen: nicht die Liebe wird durch die Ehe geheiligt, sondern umgekehrt: Ehen und Lebensgemeinschaften gibt es viele, heilig werden sie nicht durch ihren Beginn in der Kirche und Zustimmung der Autoritäten, sondern erst, wenn sie von Liebe gekennzeichnet und geprägt sind. Dem entsprechend besteht also christliche Spiritualität darin, das Profane im Alltag durch Liebe zu heiligen. Das heißt, der Auftrag lautet nicht, besondere heilige Orte und Zeiten zu finden und festzusetzen, sondern die Trennung zwischen heilig und profan dadurch aufzuheben, dass alles heilig wird, weil es Gott gehört und von Liebe erfüllt ist.

Hier schließt sich der Kreis: Eben dies ist unmöglich geworden durch die Privatisierung des Glaubens, durch die Konzentration auf das Privatleben (und die Sexualmoral) des Einzelnen und die Ausklammerung des gesellschaftlichen und wirtschaftlichen Lebens der Gemeinschaft. Damit hat aber diese Gemeinschaft (damit meine ich die Kultur des Abendlandes) auch den Anspruch auf das Prädikat „christlich" verwirkt.

Spiritualität

Spiritualität ist ein dehnbarer Begriff. *„Ihr aber seid nicht fleischlich, sondern geistlich, wenn denn Gottes Geist in euch wohnt. Wer aber Christi Geist nicht hat, der ist nicht sein"*, schreibt Paulus in Römer 8,9. Spiritualität hat also weniger mit bestimmten Ritualen oder Versenkungspraktiken zu tun, sondern eher mit einer Geisteshaltung, dem „Leben im Geist".

Im Internet begegnet man immer öfter dem Ausspruch *„People were made to be loved. Things were made to be used. The reason why the world is in chaos is because things are being loved, and people are being used"* (Menschen sind dazu da, geliebt zu werden, Dinge sind dazu da, benutzt zu werden. Chaos herrscht in der Welt, weil Dinge geliebt werden und Menschen benutzt). Wer diese zwei Sätze so formuliert hat, lässt sich nicht mehr mit Sicherheit eruieren, aber besser kann man es nicht auf den Punkt bringen, worin Spiritualität besteht.

Spiritualität kommt von Geist (lat. spiritus, griech. πνευμα pneuma), biblisch gesehen ist natürlich der Geist Gottes gemeint, der Heilige Geist. Ihn sich als Person vorzustellen ist verwirrend. Wie gesagt, die Vorstellung von „Person" betrifft hauptsächlich die Möglichkeit zu kommunizieren. Der Heilige Geist ist nicht Person im Sinne von Individuum, wie ein Mensch, sondern eine Geisteshaltung, eine Kraft, eine Dynamik, aber eine, die auf menschliche Kommunikation reagieren kann. Wenn auch in Gebeten meist formuliert wird: „Sende uns den Heiligen Geist", ist doch auch der direkte Ruf „Komm, Heiliger Geist!" möglich. Allzu haarspalterisch muss man in Gebeten nicht sein, die Frage, ob der Heilige Geist vom Vater oder vom Sohn geschickt wird oder von sich aus kommt, ist angesichts der Trinitätslehre ohne Belang. Auch handelt es sich nicht um ein magisches Wesen, sondern um einen Wachstums- oder Reifeprozess des menschlichen Geistes, um gesteigerte Sensibilität und Behutsamkeit, oder um das Überwiegen positiven, versöhnlichen Denkens. Paulus nennt als Früchte des Heiligen Geistes *„Liebe, Freude, Friede, Geduld, Freundlichkeit, Güte, Treue"* (Galater 5,22).

Spiritualität heißt diesen Geist Gestalt annehmen lassen, die Früchte des Geistes fördern und ernten.

Welche Auswirkungen hat das auf das Leben im Alltag?

Der Blick aus dem Festsaal

In einem Garten steht ein Pavillon aus Glas, hell erleuchtet, denn es ist Nacht. In dem Pavillon wird ein Fest gefeiert. Menschen tanzen, Menschen musizieren, Menschen amüsieren sich. Andere Menschen arbeiten, um die Feiernden zu bedienen. Die Aufmerksamkeit der meisten ist auf das Geschehen im Festsaal konzentriert, denn das, was draußen ist, halten viele für Illusion, die Wände sind ja aus Glas und spiegeln nur wider, was sich im Raum abspielt. Manche räumen wohl ein, dass es da etwas geben könnte, aber da man von innen nichts erkennen kann, kümmern sie sich nicht weiter darum. Nur wer nah an die Scheiben herangeht und versucht, das helle Licht mit den Händen von den Augen und der Scheibe abzuhalten, kann etwas von dem großen, blühenden Park draußen erahnen. Wer aber erkannt hat, dass das Sichtbare nicht alles ist, wer um das Ganze weiß, kann das Sichtbare anders einordnen und bewerten.

Mit diesem Gleichnis will ich deutlich machen, wie eng man seinen Horizont setzt mit dem Spruch „Ich glaube nur, was ich sehe". Denn erstens sieht man vieles, das gar nicht existiert, zum Beispiel Farben, die es physikalisch gesehen gar nicht gibt. Oder die Tiefe eines Raumes in einem perspektivischen Bild. Beispiele aus der Kategorie „optische Täuschung" könnte man zahllose hier anführen. Wer glaubt schon, dass der Magier auf der Bühne tatsächlich zaubern kann? Dabei ist das das, was man sieht. Nur unser Verstand und unser Wissen bewahren uns davor, ihm tatsächlich auf den Leim zu gehen.

Auch im nichtmateriellen Bereich ist Vorsicht angebracht, wenn es dabei auch eher darum geht, dass man Dinge, die man sieht, auch völlig falsch deuten kann - und dann nicht zwischen dem Gesehenen und der Deutung unterscheidet: Man kann Zeichen von Freundlichkeit (seltener) oder Feindseligkeit (passiert öfter) wahrnehmen, wo keine sind, und kann wohl eine Szene zwischen Menschen sehen, aber viele Verleumdungen können entstehen, wo Menschen sich dessen, was sie gesehen haben, allzu sicher sind - und trotzdem falsch liegen.

So waren ein paar junge Leute einmal höchst interessiert, als sie auf dem offenen Laptop ihres Pfarrers eine offene, aber in den Hintergrund geschaltete Datei sahen, die mit den Buchstaben „SEX..." begann. Ihre Neugier wurde bemerkt, und der Pfarrer zeigte ihnen das betreffende Dokument. Zu ihrer Enttäuschung (und zur Erheiterung des Pfarrers) mussten sie feststellen, dass es eine Gottesdienstvorbereitung für den Sonntag Sexagesimae war (der vorletzte Sonntag vor Beginn der Passionszeit - soll heißen: noch ca. „60" Tage bis Ostern).

Umgekehrt gibt es so vieles, das man nur wahrnimmt, wenn man daran glaubt oder wenn man es wichtig genug nimmt, danach Ausschau zu halten. Wer nicht an Wunder glaubt, wird wahrscheinlich nie eins erleben, weil er für alle, die geschehen, andere Begründungen findet. Nicht das Sehen selber bestimmt das Wahrnehmen, sondern erst das Deuten, das Bewerten, das Einordnen in Bekanntes und damit Verbinden. Das Auge kann keine Banane erkennen. Das Auge sieht nur die Form und die

Farbe. Erst im Gehirn wird der Gegenstand erkannt - wenn er dort bereits gespeichert ist. Wenn nicht, dann kommt die Frage: „Was ist das?" Auch das Unterscheiden von Echtem und täuschend echt Nachgemachtem spielt hier eine Rolle. Es soll schon vorgekommen sein, dass Menschen versucht haben, Obst aus Plastik anzubeißen.

Wer sich seiner Sache zu sicher ist, hört auf zu fragen. Und wer aufhört zu fragen, bleibt stehen auf der Stufe geistigen und geistlichen Wachstums, auf der er sich grade befindet. Das mag für einzelne harmlos und bequem sein, aber wenn eine ganze Kirche sich dem geistlichen Wachstum verschließt (das ja immerhin das Wirken des Heiligen Geistes ist), dann kann das schlimme Folgen haben: Die Kirchen werden immer mehr zu Minderheitsprogramm und können aus Mangel an Mitteln und Mitarbeitern das, was sie für ihre Aufgaben halten, kaum mehr erfüllen, während die Menschen, die mit den veralteten Gottesbildern nichts mehr anfangen können, spirituell unterernährt bleiben, weil auch die Kirchen ihre Not nicht erkennen. *(Zur detaillierten Erklärung empfehle ich das Buch „Gott 9.0" von Marion und Werner Küstenmacher und Tilman Haberer. Keine Angst, es ist auch für Nichttheologen lesbar geschrieben).*

Spiritualität ist also eine Frage der Perspektive auf das Leben. Gehe ich auf im Sichtbaren, Materiellen, oder habe ich eine Ahnung vom Ganzen? Welchen Stellenwert räume ich welchen Dingen ein? Wie weltbewegend sind meine eigenen Gefühle und Befindlichkeiten? Ist das, was ich vor mir sehe, Realität oder Spiegelbild dessen, was ich selber bin? Und damit wird die Spiritualität zu etwas, das das Denken auch in alltäglichen Dingen umfasst und beeinflusst.

Und dieses Verständnis ist nicht auf eine Religion beschränkt, im Gegenteil, je tiefer man in die Welt des Geistes eindringt, desto näher kommen sich auch die verschiedenen Religionen. Wer Weisheitsgeschichten aus den verschiedenen Kulturen miteinander vergleicht, wird schnell erkennen, dass sie sich in der Aussage stark ähneln. Und dort, wo Erkenntnis der Wahrheit das höchste Ziel ist, beginnen die Grenzen der Religionen zu verschwimmen.

In diesem Punkt sind sich (zumindest die großen) Religionen alle einig: Wahre Spiritualität macht achtsam und behutsam, tritt ein für Gerechtigkeit und Frieden und bleibt in allem selbstkritisch genug, zuzugeben, dass sie selbst die Wahrheit nicht gepachtet hat, sondern wachsam bleiben muss, um sich nicht selbstgefällig auf eine Insel zurückzuziehen.

Die Pharisäer waren ihrer Sache sicher. Sie kannten das Gesetz, sie kannten die Tradition. Sie waren überzeugt, zu wissen, worauf es im Leben ankommt, und was Gott von ihnen und von den anderen Menschen will. Damit haben sie sich auf einem Punkt ihrer Entwicklung einbetoniert und sich geweigert, weiter dazuzulernen. Sie haben sich dem Geist verweigert, der sie zum Wachstum, zur Blüte, zur Frucht bringen wollte. Es wäre ein Unglück, wenn auch die Kirchen auf diesem Standpunkt beharren würden.

Vielleicht ist genau diese Haltung des Stillstands und Bewahrens des bisher Gewachsenen die rätselhafte „Lästerung gegen den Heiligen Geist", die nicht verziehen wird (Matthäus 12,31)?

Printed by Books on Demand GmbH, Norderstedt / Germany